L'ESSENTIEL ✸ DES SPORTS
LE CAMPING

CLIFF JACOBSON

À mon ami Bob Brown, qui de son propre aveu déteste le camping et qui persiste malgré tout à en faire.

Remerciements

Je tiens à remercier le Dr Bill Forgey, qui a tout de suite cru à ce livre, ainsi que mon éditeur précédent, Tom Todd, qui a toujours accepté avec patience les modifications des derniers instants.

L'ESSENTIEL DES SPORTS
LE CAMPING

CLIFF JACOBSON

TRÉCARRÉ

Données de catalogage avant publication (Canada)

Jacobson, Cliff

   Le camping

   (L'essentiel des sports)
   Traduction de : Basic essentials. Camping
   Comprend un index.

   ISBN : 2-89249-923-2

      1. Camping. 2. Camping – Matériel. 3. survie en milieu sauvage.
4. Cuisine en plein air. I. Titre. II. Collection.

GV191.7.J3214 2000   796.54   C00-940470-8

L'édition originale de cet ouvrage a paru en anglais sous le titre *Basic Essentials : Camping*, publié chez Globe Pequot Press.

© 1988, 1999, Cliff Jacobson
© Éditions du Trécarré, 2000 pour la version française

Tous droits réservés. Sauf pour de courtes citations dans une critique de journal ou de magazine, il est interdit, sans la permission écrite des détenteurs du copyright, de reproduire ou d'utiliser cet ouvrage, sous quelque forme que ce soit, par des moyens mécaniques, électroniques ou autres, connus présentement ou qui seraient inventés, y compris la xérographie, la photocopie ou l'enregistrement, de même que les systèmes informatiques.

Illustrations : Cliff Moen
Design de la couverture : Cyclone design communications
Photo de la couverture : Tom Todd
Traduction : Martin Balthazar
Révision linguistique : Liliane Michaud
Infographie : Claude Bergeron

Crédits de photos : page 3, Cascade Designs (en bas) et Slumberjack (en haut) ; page 7, Kelty (en bas et en haut) et Eureka (au centre) ; page 9, Lowe Alpine Systems (à gauche, au centre) et Pearl Izumi (à droite) ; page 11, Five Ten (en haut), Montrail (au centre) et Salomon (en bas) ; page 13, Kelty (à droite et à gauche) et Lowe Alpine Systems (à gauche au centre et à droite au centre) ; page 17, Idaho Knife Works (en haut : photo de M. Stantostefano) et Grohmann Knives (en bas) ; page 20, Trail Blazer ; page 21, Dawn Marketing/Sawvivor (en bas) et Fast Bucksaw (en haut) ; page 28, Mountain Safety Research ; page 36, Nalgene ; page 67, Garmin Corporation.

ISBN : 2-89249-923-2

Dépôt légal, 2000
Bibliothèque nationale du Québec

Imprimé au Canada

Nous reconnaissons l'aide financière du gouvernement du Canada par l'entremise du Programme d'aide à l'édition (PADIÉ) pour nos activités d'édition.

Éditions du Trécarré
Outremont (Québec) Canada

Table des matières

	Introduction	vi
1	Comment utiliser votre équipement de façon efficace	1
2	Soyez à l'affût : couteaux, hachettes et scies	19
3	L'art de faire un feu	26
4	Le choix d'un réchaud	31
5	La cuisine au camp	37
6	Les techniques des campeurs chevronnés	48
7	L'art de faire les nœuds	66
8	Les dangers	73
	Index	80

Introduction

J'ai découvert les plaisirs du camping à l'âge de 12 ans lors d'un camp scout qui se tenait au cœur d'une forêt du Michigan. C'était en 1952, peu avant les tentes en nylon et les parkas 60/40. Les canoës en aluminium venaient tout juste d'être fabriqués par Grumman si bien que je n'en avais encore jamais vu.

Comme plusieurs garçons de mon âge, je n'avais pas une grosse somme à consacrer à l'achat d'un équipement de plein air. Je gagnais bien un peu d'argent en ramassant des bouteilles vides le long de la route, mais ce maigre pécule avait été investi dans un vélo d'occasion ou un film de Randolf Scott. De sorte que mon équipement de camping était un savant assemblage de bric-à-brac provenant des surplus militaires et de l'Armée du Salut. En fait, je ne connaissais qu'un seul garçon qui possédait un équipement neuf. Je parvins pourtant à économiser assez d'argent pour me payer un authentique couteau scout ; à cette époque, ces couteaux étaient dotés de bonnes lames en fer carburé et portaient le label : métal BSA.

Puis, mon père m'a donné pour Noël une hachette en acier (comme en ont les scouts) accompagnée d'un étui en cuir repoussé et de règles graduées en bois verni. Ce fidèle instrument m'a servi pendant plus de vingt ans, il a été de toutes mes expéditions, à pied comme en canoë. J'ai compris très tôt que ceux qui croient que la hachette est un instrument peu utile ne savent tout simplement pas s'en servir. Je suis toujours convaincu qu'elle est indispensable, comme vous pourrez le constater au chapitre 2.

Pour mon quatorzième anniversaire, j'ai reçu un autre cadeau fabuleux : un poêle M 71 de Primus en laiton qui coûtait à l'époque l'importante somme de cinq dollars.

Ces articles ainsi qu'un sac de couchage en laine et un ciré provenant des surplus de l'armée constituaient mon attirail de camping. Je logeais tout ce matériel dans un sac à dos de toile brune qui pesait à peine 12 kg ; avec des aliments déshydratés Seidel pour une semaine, une bonne poignée de grosses allumettes et quelques vêtements de rechange, j'étais prêt pour la grande aventure.

Bref, je possédais tout l'équipement de camping dont j'avais besoin. Il ne pouvait y avoir de garçon plus chanceux que moi. Je dois tout de même admettre que je rêvais d'un sac de couchage en duvet comme ceux des militaires puisque le mien était en laine et ne convenait qu'aux chaudes nuits d'été. Pourtant cela m'importait peu : une couverture de plus et un gros chandail, et l'affaire était réglée, même lorsqu'il y avait de la neige. Après tout n'est-il pas normal d'avoir un peu froid en camping ? Cela fait partie du jeu.

On m'avait dit que le guide pratique publié par l'association des scouts contenait absolument tout ce que l'on devait savoir sur le plein air et l'aventure ; et ce livre était pour moi une vraie bible. Tout y était : de la manière de creuser des rigoles autour d'une tente ou de se fabriquer un lit en branches de pin, à la façon de fixer le matériel à l'aide de nœuds ou à la construction d'un abri de survie. L'utilisation de la hachette était prise suffisamment au sérieux pour qu'un chapitre lui soit consacré.

La bible du camping ne se préoccupait toutefois pas des questions liées à l'environnement. Ce n'est pas que nous nous désintéressions de ces questions. Simplement nous ne voyions rien de mal à couper des arbres ou à aménager le terrain de façon à répondre à nos besoins. Considérant l'équipement dont nous disposions, il nous semblait tout à fait naturel de remodeler la nature pour que notre aventure ne soit pas une expérience insupportable.

Bien entendu, il n'en allait pas ainsi de nos ordures. Nous nous faisions un point d'honneur de remporter tout ce que nous avions apporté sur le terrain. Nous étions des scouts, pas des souillons !

En 1958, Calvin Rutstrum publia son premier livre, *The Way of the Wilderness*, qui présentait une nouvelle manière de voir les choses. Calvin savait bien que les rigoles autour des tentes et les lits en branches de pin seraient bientôt dépassés. Son livre incitait plutôt les lecteurs à réfléchir avant de couper quoi que ce soit et recommandait l'utilisation de matelas mousse au lieu des matelas naturels. À cette époque, le camping en régions sauvages était résolument en pleine transformation. De nouveaux produits comme le nylon, le dacron, l'acier inoxydable et le vinyle gagnaient du terrain sur le coton, la toile. Les magasins spécialisés dans le plein air ont vendu (ou brûlé) des milliers de tentes en coton pour se lancer dans la nouvelle vague du nylon.

Tout à coup, on ne s'intéressait plus tant aux habiletés qu'à l'équipement. Le savoir-faire n'était désormais plus suffisant. Tous avaient besoin de matériel neuf et en quantité. Que l'on pense seulement aux sacs de couchage en duvet, aux matelas mousse, aux couteaux suisses qui combinent plusieurs outils, aux bottes hydrofuges avec des semelles Vibram, aux vêtements de pluie deux pièces munis de capuchons conçus pour ne pas nuire aux mouvements de la tête, aux chaussettes en polypropylène, aux pulls en fibres synthétiques et naturelles, aux tentes faciles à monter, aux vêtements en goretex qui respirent malgré l'humidité, aux ensembles colorés des designers qui feraient tout à fait l'affaire au cours d'un match des étoiles ainsi qu'aux minuscules poêles qui se branchent sur une bouteille de butane.

Devant toutes ces innovations, je me sentais plutôt dépassé.

Heureusement, je rencontrai Calvin Rutstrum par un petit matin brumeux de septembre et il m'aida à m'y retrouver. Je me suis rendu en voiture jusqu'à son refuge sauvage sur la rive nord du lac Supérieur. Calvin l'a entièrement construit de ses propres mains. Il ne s'est pas embêté à faire une fondation de béton, une simple couche d'ardoise a suffi. Cette cabane de deux pièces a été savamment fabriquée à partir de bois de pin de la région. Et, croyez-moi, elle est solide !

Alors que Calvin versait le café, j'en ai profité pour lui montrer un sac de couchage en polyester que j'avais acheté pour ma femme. Je lui demandai : « Que pensez-vous de ces nouveaux sacs ? » Il me répondit : « Ils sèchent vraiment vite, ils pourraient vous sauver la vie dans le cas où votre sac en duvet serait trempé. »

Puis, l'octogénaire posa avec fracas sa tasse sur la table de pin et un peu de liquide brun se répandit sur le bois verni. Il se leva avec lenteur, sa mâchoire et ses yeux gris perçants trahissaient la colère.

« Bon sang ! s'écria-t-il, je fais du camping et du canoë depuis 70 ans et mon sac en duvet n'a jamais été trempé. Jamais. Vraiment jamais ! Ceux qui trempent leur matériel de randonnée auraient besoin de quelques petits conseils. Ils devraient apprendre à camper ! »

J'avais envie d'applaudir !

En effet, il semble que l'équipement de pointe allié à l'efficacité des techniques de vente se substituent aux habiletés essentielles que l'on devrait détenir. On a délaissé l'art de faire un feu efficacement au profit des produits chimiques accélérants, nous ne craignons plus les rochers avec nos canoës indestructibles, les tentes conçues pour résister aux tempêtes font que nous ne savons plus comment nous mettre à l'abri sans cet équipement de pointe. Qu'adviendra-t-il si la peur du sac de couchage trempé se répand et attire chaque année de plus en plus d'adeptes en quête de matériel sophistiqué ? À la fin, ce sont les manufacturiers qui gagneront. Nos seules attentes se dirigeront vers l'acquisition du meilleur équipement possible, mais nous ne saurons pas comment nous en servir de façon adéquate.

Ce livre, amies et amis, traitera justement de cet épineux problème. Il ne sera pas question de vous pousser à acheter du nouveau matériel, mais bien de présenter un éventail de techniques éprouvées qui rendront vos expéditions en camping plus agréables.

Quoi de neuf dans ce livre ?

Plein de choses ! Plusieurs recettes délicieuses, de même que de nombreux trucs astucieux qui vous permettront de mieux gérer votre alimentation lorsque vous devrez faire avec peu. De nouvelles façons de protéger les fameuses tentes de type dôme (si populaires aujourd'hui) des intempéries, et des conseils sur la manière de monter une tente par grands vents y seront également présentés. Vous découvrirez que l'on ne prodigue plus les mêmes conseils pour se protéger – et protéger sa nourriture – au moment de la rencontre d'un ours. Assurez-vous d'avoir lu attentivement cette section avant d'entreprendre votre prochaine expédition en camping.

De nouvelles armes peuvent vous aider à triompher des moustiques ou de la rigueur du climat et certaines astuces vous permettront de bien dormir sur un sol dur. Vous ne manquerez pas d'être intéressé par le chapitre consacré aux dangers potentiels du camping en régions sauvages.

> *L'éditeur décline toute responsabilité concernant les accidents que pourraient subir les lecteurs qui se sont engagés dans les activités décrites dans ce livre.*

Comment utiliser votre équipement de façon efficace

Récemment, alors que je jetais un coup d'œil sur un livre de plein air très populaire, j'ai pu constater qu'environ 90 % de son contenu était consacré au choix d'un équipement ; des chapitres entiers guidaient le lecteur sur le choix d'un sac de couchage, d'une tente et de bottes. À part quelques conseils évidents concernant la façon d'établir un campement en terrain dénivelé ou la nécessité d'utiliser des sacs imperméables pour les vêtements, il n'y avait pas grand-chose à se mettre sous la dent. C'est pourquoi je me suis juré d'adopter pour ce livre une approche plus pratique.

Il est certain que le fait d'avoir un équipement adéquat compte pour une large part dans la réussite d'une expérience de plein air. Il n'y a que des imbéciles pour dire le contraire. Il faut toutefois savoir que les manufacturiers fournissent gratuitement des détails concernant les matériaux et la fabrication de tous leurs produits. S'il arrivait que vous soyez toujours perplexe quant aux critères qui font qu'une tente ou qu'un sac de couchage est de qualité, n'hésitez pas à prendre des informations auprès des vendeurs d'une boutique de plein air sérieuse. La plupart de ces jeunes gens sont tout à fait informés, puisqu'ils font eux-mêmes du vélo, du canoë, du ski et des activités de plein air. Il est rare que les vendeurs de ce type de matériel de pointe reçoivent des commissions, aussi sont-ils en mesure de vous conseiller avec honnêteté.

Aussi, plutôt que d'encombrer ce chapitre de détails inutiles qui sont aisément disponibles ailleurs, j'ai choisi de vous présenter des conseils sur la meilleure façon de tirer parti de votre équipement.

Le sac de couchage

Comment le choisir

Votre choix dépend du type d'activités que vous voulez faire et de la somme que vous avez à allouer à cet achat. Au sommet de la liste, il y a les sacs en duvet et, au bas, les sacs doublés d'une pellicule métallique, qui ne valent pas mieux que deux bonnes couvertures.

À propos de couvertures, saviez-vous que vous pouviez vous fabriquer un sac de fortune pour la saison chaude avec des couvertures en laine ou en acrylique (plus légères) en les assemblant en sandwich comme le font les scouts (voir la figure 1-1)? Si votre budget est serré, c'est l'endroit tout désigné pour réduire vos dépenses. Après tout, il est plus qu'inutile d'acheter un sac doté de trois couches isolantes si vous ne l'utilisez qu'au cours des chaudes nuits d'été. Bien des campeurs ont un sac trop chaud pour l'utilisation qu'ils en font. En revanche, si vous pensez camper dans des régions assez éloignées au nord, vous devriez considérer l'achat d'un sac de couchage d'automne (conçu pour -5 °C).

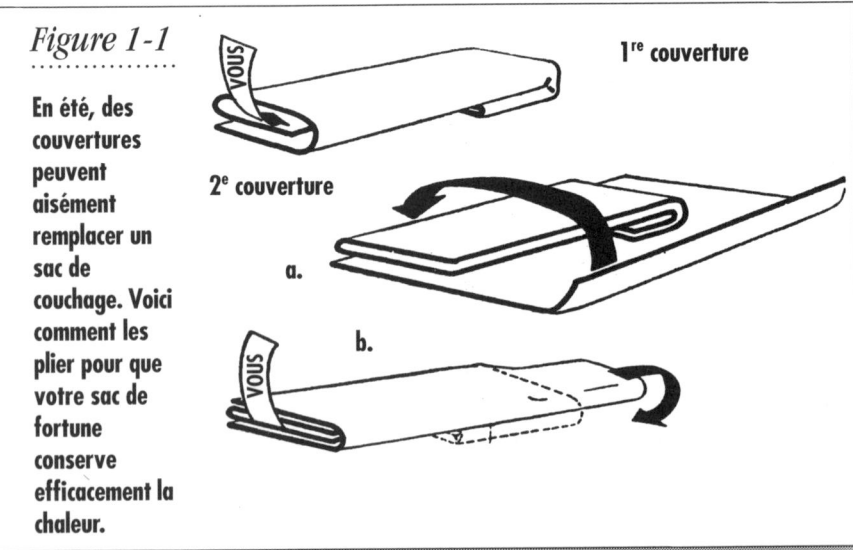

Figure 1-1

En été, des couvertures peuvent aisément remplacer un sac de couchage. Voici comment les plier pour que votre sac de fortune conserve efficacement la chaleur.

Pour ceux qui font du caravanage (ce qui n'est pas la même chose que de dormir dehors), n'importe quel sac de couchage fera l'affaire. En ce qui concerne les autres, j'accorde mes préférences à un grand sac de type « momie » avec une cagoule pour la tête et des fourreaux pour les pieds (voir la figure 1-2). Assurez-vous aussi que votre sac est pourvu d'une fermeture à glissière bidirectionnelle qui ceinture le sac de haut en bas.

Plus que pour tout autre article de plein air, la qualité d'un sac de couchage correspond à son prix. Par exemple, pour une centaine de dollars vous aurez un sac synthétique de qualité, tandis que pour le double du prix vous pourrez vous procurer un bon sac en duvet.

La question est de savoir lequel vous conviendra le mieux. En premier lieu, il faut préciser que les sacs en duvet ont une durée de vie qui dépasse de plusieurs décennies celle des meilleurs sacs en Polarguard, Hollofil ou Quallofil. Les manufacturiers consciencieux prennent soin de mentionner que s'il est utilisé fréquemment, un sac synthétique a une durée de vie maximale de cinq années. Pour ce qui est des sacs en duvet, c'est leur enveloppe en nylon qui s'use en premier. En combien de temps ? Eh bien, j'ai un de mes sacs en duvet depuis trente ans et il est toujours en bonne condition.

Si vous croyez toujours que les sacs en duvet prennent du temps à sécher lorsqu'ils sont trempés, repensez bien aux paroles de Calvin Rutstrum ! En procédant comme je le propose, il ne sera jamais trempé. Non, jamais !

Le transport de votre sac de couchage

Pour empêcher qu'un sac de couchage ne soit mouillé, on recommande habituellement de le placer d'abord dans un sac en plastique, puis dans un autre sac en nylon. Ce conseil est idiot ! Toutes les fois que vous rangerez votre sac de couchage, vous étirerez et affaiblirez le plastique. En un rien de temps, le plastique se fissurera et perdra son imperméabilité. Certains spécialistes sont pourtant au fait de ce problème, mais ils suggèrent d'apporter des sacs en plastique de rechange, ce qui est encore plus absurde.

Voici une meilleure façon : premièrement, rangez votre sac de couchage dans son sac en nylon (ce dernier n'a pas besoin d'être étanche), puis déposez-le dans un sac en plastique épais. Fermez-le bien et rabattez l'ouverture en lui faisant faire quelques tours, puis attachez solidement le tout avec une corde. Placez ensuite votre paquet dans un très grand sac de nylon (lequel, encore une fois, n'a pas besoin d'être étanche). De cette façon, la fine couche de plastique qui assure l'imperméabilité de votre paquet sera à l'abri de l'usure causée par le frottement.

Il est particulièrement important d'opter pour cette méthode si votre sac de couchage est fixé à l'armature de votre sac à dos, étant donné qu'il est constamment exposé aux intempéries. Cet emballage en « sandwich » est aussi résistant aux ronces et aux arbustes épineux, ce qui n'est pas négligeable. Il m'est arrivé de déchirer un sac de cette façon et seul le sac de nylon extérieur en a souffert.

Au campement Certains experts recommandent de sortir le sac de couchage de son enveloppe, de le secouer et de l'étendre quelque temps avant de vous en servir, ce qui devrait lui conférer une plus grande capacité isolante. Foutaise ! Il est préférable de laisser votre sac bien à l'abri dans son enveloppe, jusqu'à ce que vous en ayez besoin. Un sac de qualité retrouve son plein potentiel isolant en seulement 60 secondes. Vous n'avez plus qu'à le secouer vigoureusement avant de vous y installer.

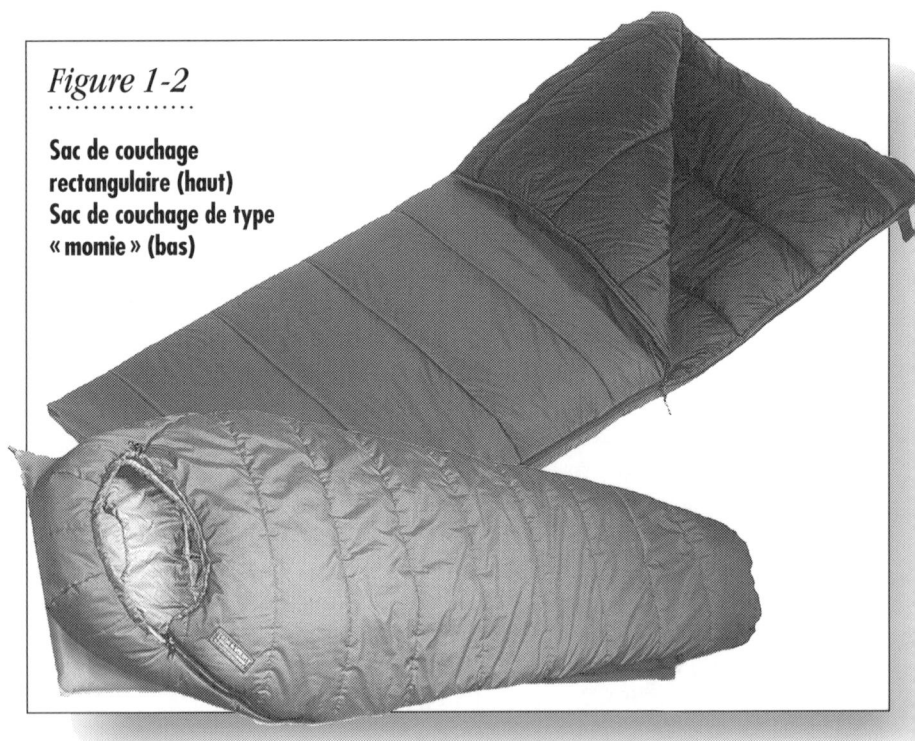

Figure 1-2

Sac de couchage rectangulaire (haut)
Sac de couchage de type « momie » (bas)

Comment le laver

Avant tout, ne faites jamais nettoyer votre sac de couchage à sec, et ce, qu'il soit en duvet ou en fibres synthétiques. Le lavage à la main est recommandé, et une machine à laver à chargement frontal fera également bien l'affaire. Les lessives en poudre sont indiquées, à condition de bien les dissoudre.

INSTRUCTIONS DE LAVAGE

1. Lavez-le à l'eau froide ou tiède. L'eau chaude endommage les sacs de couchage, en duvet comme en fibres synthétiques.

2. Utilisez deux fois moins de détergent qu'il est recommandé.

3. Faites sécher votre sac à basse température dans un grand sèche-linge commercial. Assurez-vous que le sèche-linge dispense de l'air frais. Si ce n'est pas le cas, coincez un magazine entre la porte et l'interrupteur pour que la porte reste entrebâillée. Conseil : placez une serviette de bain dans le sèche-linge avec le sac de couchage pour accélérer le séchage.

Voilà tout ce que vous devriez savoir à ce sujet. En ce qui me concerne, je lave mes sacs de couchage une fois par année.

Les matelas de camping

Un matelas est vraiment un bon moyen d'améliorer le sommeil (et surtout quand on commence à avoir de vieux os !) et d'isoler votre dos de la fraîcheur du sol. Il y a quatre types de matelas de camping.

Le matelas pneumatique. N'achetez un matelas pneumatique que si vous campez dans une caravane. On ne doit s'en servir qu'au cœur de l'été (surtout lorsqu'on a un sac en duvet). Le poids du corps compresse les matelas pneumatiques à tel point que votre corps entre en contact avec le sol. Or, si le sol est froid, votre dos sera aussi au frais ! Afin d'accroître votre confort, recouvrez-le d'un matelas mousse.

Le matelas mousse. Ce matelas constitue un isolant très efficace, il est hydrofuge et surtout il ne se perce pas… Toutefois, il n'est pas d'un grand confort. Il est idéal lorsque le mercure tombe au-dessous de zéro ou lorsqu'il est important d'avoir un matelas fiable. Un matelas de 1 cm d'épaisseur est tout à fait convenable pour l'été ; en hiver, il vaudrait mieux qu'il soit deux fois plus épais. Ce matelas est parfait pour les enfants, spécialement pour ceux qui ont tendance à mouiller leur lit.

Le matelas en caoutchouc mousse. Ce matelas est en quelque sorte une grande éponge recouverte de nylon ou de coton. Il est relativement confortable, pas cher et les fissures ne l'affectent pas ; toutefois, il n'est pas hydrofuge. Ce matelas est plutôt volumineux lorsqu'on le roule et n'a pas une aussi grande capacité isolante que le matelas mousse.

Le matelas mousse autogonflant. Therma-Rest a été le premier à mettre en marché ce produit révolutionnaire, mais de nombreux compétiteurs ont aujourd'hui emboîté le pas. Il s'agit d'un matelas mousse moelleux enveloppé de vinyle et de nylon. L'entrée d'air est réglée par une énorme valve de plastique. Ouvrez tout simplement la valve et le matelas se gonflera automatiquement. Lorsque vous fermez la valve, l'air est emprisonné dans le sac. Les matelas de ce type sont fiables, confortables et incroyablement isolants (même au-dessous de zéro).

Quelques conseils concernant les matelas

Recouvrez votre matelas mousse autogonflant d'une enveloppe de laine ou de coton épais. Cette enveloppe protégera votre matelas des perforations et le maintiendra en place sur le plancher en nylon de la tente. En été, il sera beaucoup plus agréable de dormir sur cette enveloppe que d'être directement en contact avec le nylon (non poreux) du matelas.

N'utilisez pas de coton en hiver : ce sacré coton vous volerait toute votre chaleur. Il est préférable de couvrir votre matelas de polyester ou d'un lainage très serré. En étendant une couverture de « survie » (côté le plus brillant en haut) sous votre matelas, vous gagnerez beaucoup de chaleur.

Si vous campez sur un terrain en pente, servez-vous de vos vêtements – que vous plierez sous votre matelas – afin de vous mettre de niveau. Cette méthode simple vous permettra de passer une nuit agréable.

Conseil : **Si vous devez camper sur un terrain en pente, montez votre tente perpendiculairement à la pente (de façon qu'un des côtés soit plus bas que l'autre) plutôt que parallèlement à la pente (entrée de la tente au point le plus haut) comme le suggèrent de nombreux livres de camping. Il est plus facile de mettre de niveau un seul côté de la tente qu'une extrémité affaissée (voir la figure 1-3).**

Les tentes

Pour un usage général, vous n'avez pas besoin d'une tente sophistiquée conçue pour la montagne. N'importe quelle tente fera l'affaire ; à condition qu'elle ait un plancher de forme allongée (aucun terrain n'est parfaitement de niveau) et un toit imperméabilisé qui descend près du bas de la tente. Plus précisément, le toit doit couvrir toutes les coutures et les coins du plancher. Si vous croyez qu'un produit hydrofuge imperméabilisera totalement les coutures exposées, vous allez au-devant de nombreux problèmes. Il est important que votre tente soit dotée d'un vestibule, car vous pourrez y ranger votre équipement à l'abri des intempéries. De plus, il sert de rempart contre la pluie et la neige lorsque vous entrez dans la tente.

Chaque personne a besoin d'à peu près 60 cm sur 2 m pour s'étirer. Considérez aussi le fait que vous devrez peut-être vous habiller dans votre tente : comptez 15 cm supplémentaires et n'oubliez pas de prendre en compte la hauteur du plafond. Vous serez alors confortablement installé. Une tente destinée à un campeur moyen devrait être relativement spacieuse. On convient généralement qu'une tente de 2 m sur 2,5 m loge 3 ou 4 personnes ; en fait, elle est idéale pour 2.

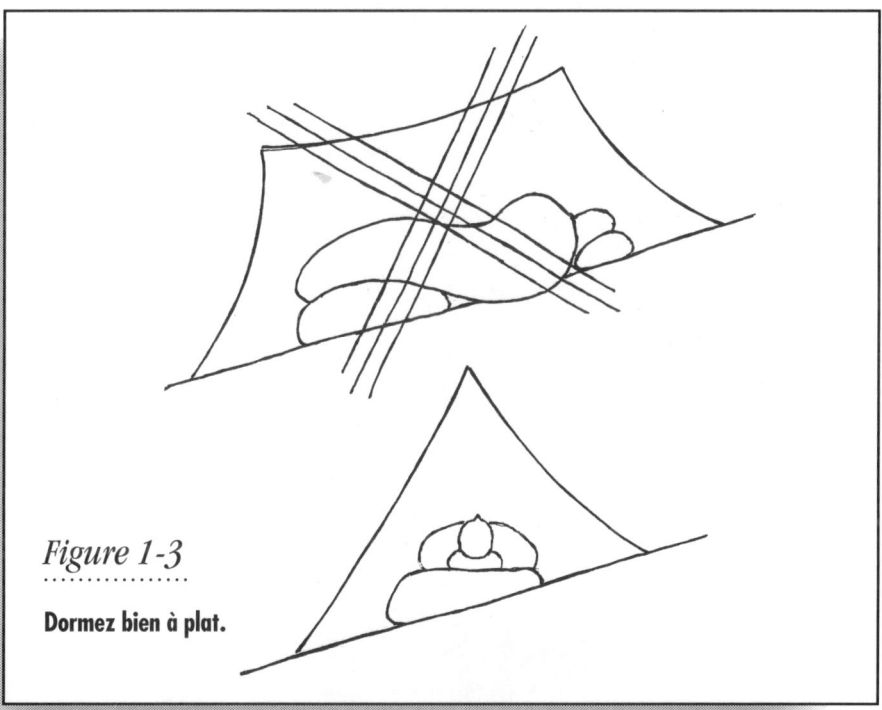

Figure 1-3

Dormez bien à plat.

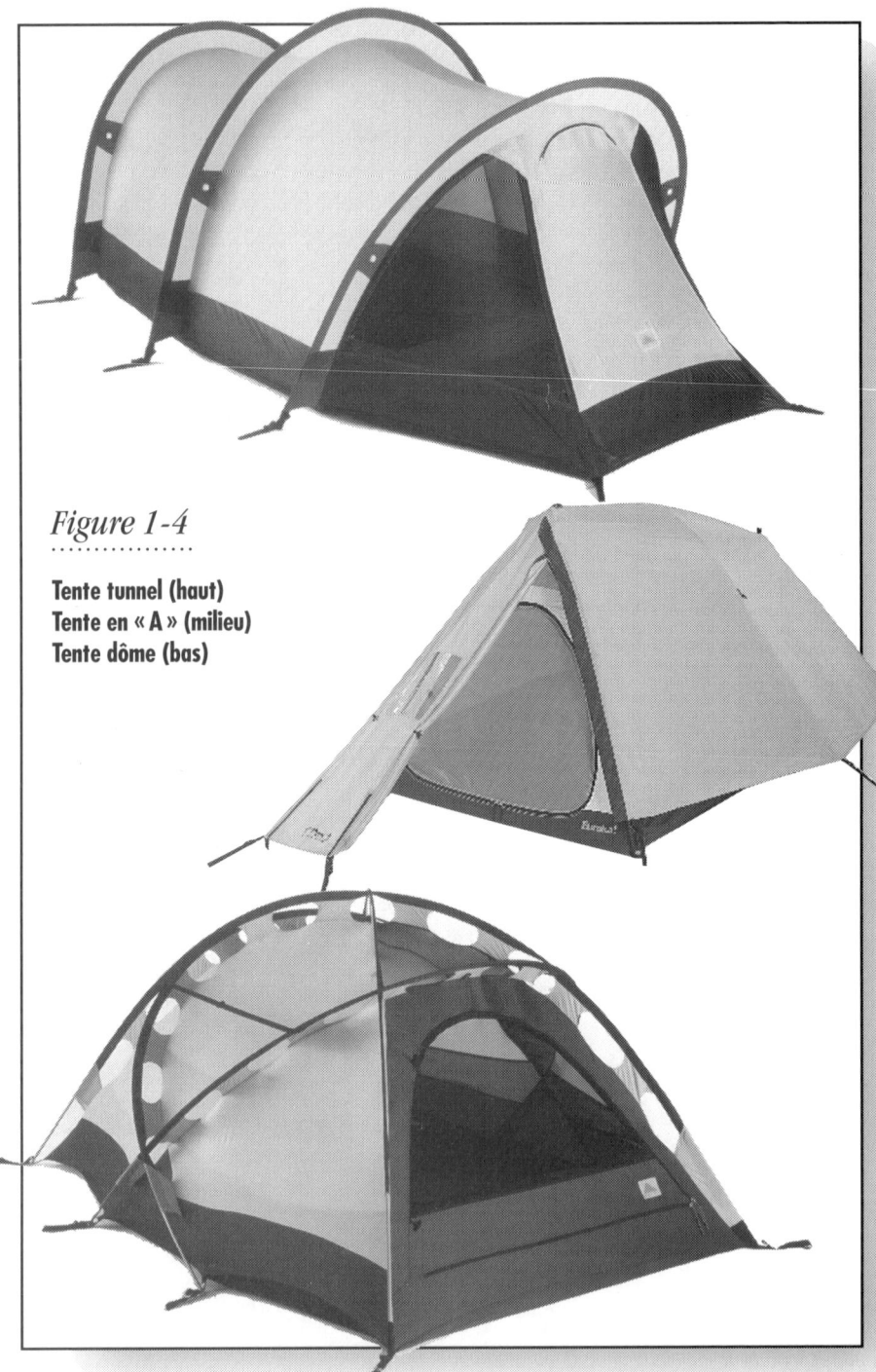

Figure 1-4

Tente tunnel (haut)
Tente en « A » (milieu)
Tente dôme (bas)

Et son poids ? Il doit être en dessous de 5 kg, mais le plus léger sera le mieux. Même si les campeurs expérimentés semblent toujours à la recherche de la tente la plus légère et la plus compacte qui soit, cela ne veut pas dire qu'elle vous conviendrait. Lorsque vous aurez à passer de longues heures sous la tente en raison des intempéries, que vous serez confiné dans un espace de la taille d'une niche, qui ne vous laissera même pas le loisir de vous asseoir, vous regretterez de ne pas en avoir acheté une plus grande. Votre tente est votre unique refuge lorsque vous êtes loin de la maison, aussi prenez le temps de faire le bon choix.

Les tentes high-tech de formes géométriques variées (tunnel, dôme et autres) sont plus chères que les modèles en « A », plus simples, mais non moins fiables.

Si vous prévoyez camper en montagne, n'hésitez pas à acheter une de ces tentes high-tech qui résistent aux grands vents. Par contre, si vous campez toujours en terrain boisé, choisissez un modèle plus ordinaire qui vous permettra de conserver votre santé mentale pendant les longues journées de pluie ! La figure 1-4 présente trois types de tentes.

Surtout ne partez pas sans un tapis de sol en plastique pour l'intérieur de votre tente. Ce tapis empêchera l'eau qui s'infiltre par le plancher d'atteindre votre matelas et votre sac. Ne placez pas cette pellicule de plastique sous la tente comme le recommandent certains fabricants. Sous la pression de votre corps, l'eau qui s'est accumulée entre le plancher et le sol finira par s'infiltrer à travers le nylon du plancher. Le tapis de sol en plastique est sans doute l'un des meilleurs moyens de mettre votre tente à l'abri des caprices de dame nature. Cette installation toute simple m'a souvent évité de prendre un bain de minuit imprévu.

L'armature et les piquets

L'armature d'une tente devrait être en aluminium et non pas en fibre de verre ou en plastique, car ces matériaux sont fragiles. Les montants qui supportent les auvents font exception. Tous les montants devraient être liés ensemble par de la corde élastique afin de faciliter l'assemblage.

QUELQUES CONSEILS CONCERNANT L'ARMATURE DES TENTES

Pour que les poteaux ne restent pas collés ensemble et glissent plus facilement, polissez les joints avec du papier de verre (grain 400) puis essuyez-les avec un linge imbibé de silicone liquide. Cette opération est valable pour toute la durée de vie de votre tente.

Pour séparer deux poteaux qui sont collés ensemble, chauffez délicatement le joint à la flamme de votre réchaud. Il prendra de l'expansion et les poteaux se sépareront facilement.

Les piquets de tente : les piquets en forme de flèche de 30 cm de longueur en aluminium ou les piquets en forme de « U » sont solides dans un sol sablonneux. Dans un sol plus compact, il vaut mieux utiliser des piquets bien pointus en aluminium. Les minces piquets en acier sont parfaits pour les sols rocailleux. Prenez soin de vous munir de plusieurs types de piquets, ainsi pourrez-vous choisir les plus appropriés.

Conseil : **Les clous à béton de 20 cm en aluminium ne sont pas très chers et peuvent facilement remplacer les piquets. Les solides piquets en forme de « U », faits de plastique et d'acier, ne sont vraiment utiles que pour les lourdes tentes (semi-permanentes) en toile.**

Il n'est pas nécessaire d'utiliser des piquets spéciaux lorsque l'on monte une tente en terrain sablonneux ou sur un couvert de neige. On peut enfouir les piquets en aluminium de même que les haubans. Il suffit d'enrouler les haubans autour d'une languette de bois et de les enfouir. Les couvercles des boîtes de conserve (prenez soin de replier les bords du couvercle) peuvent efficacement remplacer les piquets lorsqu'il y a de la neige. Percez le couvercle et fixez-y le hauban, puis enfouissez le tout sous la neige.

Les vêtements

Vous n'avez pas besoin de porter des vêtements spécialement conçus pour le plein air pour être à l'aise. Sachez toutefois qu'il faut éviter de porter du coton, sauf durant les chaudes journées d'été, puisqu'une fois que vos vêtements sont humides, ils sèchent difficilement. Plusieurs décès par hypothermie sont attribuables au fait que les personnes portaient du coton.

De nombreux campeurs expérimentés achètent tout leur équipement dans les magasins à rabais ou les surplus de l'armée. Ils y trouvent des vêtements de bonne qualité à bas prix. Les lainages militaires, les pulls en acrylique ou en polyester y abondent, tout comme les vêtements de travail en coton ou en polyester.

Il est essentiel d'avoir un blouson en nylon qui « respire » afin de vous protéger des attaques parfois cinglantes du vent, sans oublier le polypropylène, le polyester et les combinaisons en laine, lorsque le besoin s'en fait sentir. Il est important de savoir que le polypropylène absorbe les odeurs corporelles, si bien qu'au bout de quelques jours de randonnée, il dégagera peut-être une odeur désagréable. Le polyester résiste mieux aux odeurs. Ma femme, Susan Harings, a le nez plus fin que moi et c'est pourquoi elle m'a suggéré de recommander le Thermax^{MD} et son proche parent le Thermostat^{MD}. Sue m'a dit que plusieurs de ses amies préféraient de loin ces tissus qui « sentent bon ».

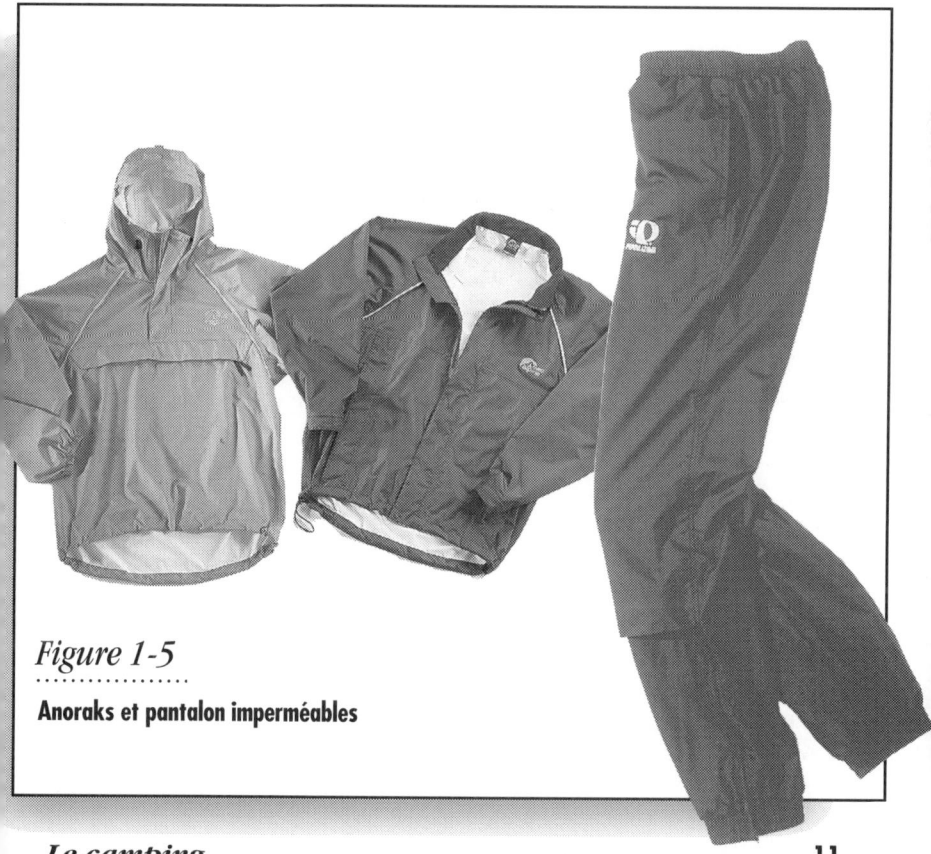

Figure 1-5

Anoraks et pantalon imperméables

Les traditionnels tricots de laine ne sont pas à dédaigner. Contrairement au tissus synthétiques, les tricots serrés résistent bien aux étincelles, ne se trempent pas instantanément même sous une forte pluie et ne fondent pas sous l'effet de produits chimiques puissants comme les anti-moustiques. De plus, les lainages vous gardent au chaud même lorsqu'ils sont trempés (les tissus synthétiques ont parfois besoin d'être essorés). Malgré toute la publicité tapageuse qui entoure le synthétique, la pure laine vierge est la fibre la plus solide et la plus fiable que vous pourrez porter par mauvais temps. Les lainages en mérinos sont très doux et ne piquent pas la peau.

Il est important d'apporter des vêtements de rechange pour vous rhabiller des pieds à la tête, et ce, que vous partiez pour une semaine ou un mois. Le tout devrait aisément entrer dans un sac en nylon de 20 cm sur 30 cm.

L'équipement à apporter en cas de pluie est très simple : préférez le pantalon et l'anorak imperméables au manteau de pluie de style poncho qui laisse passer l'eau, de même qu'au manteau à capuchon qui est peu pratique, à moins que vous ne paressiez au camp. Les meilleurs vêtements de pluie se trouvent dans les magasins qui vendent des vêtements de travail. Les nouveaux vêtements imperméables sont solides, légers et merveilleusement peu coûteux. Ils vous garderont au sec même s'ils ne sont pas munis de capuches spécialement dessinées et de plusieurs poches (dont vous n'aurez pas besoin) comme ceux des magasins spécialisés.

Le goretex est un tissu imperméable qui respire. Toutefois, les vêtements en goretex sont très chers et requièrent plus de soin que les autres. Le goretex est très efficace lorsque les précipitations sont changeantes et passent de la neige à la neige fondue ou à la pluie.

Même s'il est souvent suggéré de porter vos vêtements imperméables lorsqu'il vente, je vous le déconseille, puisque tout vêtement qui est fréquemment porté s'use rapidement. Portez plutôt une veste en nylon et gardez vos vêtements imperméables pour la pluie. Rangez toujours vos vêtements imperméables dans un sac en nylon afin d'éviter qu'ils ne soient compressés dans votre sac à dos et ne s'usent prématurément.

Choisissez bien les vêtements que vous portez sous votre imperméable. Avec un léger pull en polypropylène ou en laine, vous n'éprouverez pas cette moiteur désagréable qui est la caractéristique des vêtements imperméables que l'on porte directement sur la peau.

Vous avez des enfants ? Il n'est pas nécessaire de dépenser beaucoup d'argent pour des vêtements qui seront trop petits la saison prochaine. L'acrylique est la solution. Peu coûteux, il sèche en un rien de temps. Un pull en acrylique non allergène, porté directement sur la peau, constitue un très bon isolant par temps froid. Encore une fois, je vous le répète, évitez le blue-jean, un pantalon d'exercice en polyester et coton coûte moins cher et sèche plus vite. Pour ce qui est des vêtements imperméables : un poncho imperméable porté par-dessus une veste en nylon, elle aussi imperméable, suffira à tenir un enfant au sec, même durant les pires tempêtes. Ajoutez à cet équipement un chapeau imperméable et des bottes en caoutchouc et vos jeunes campeurs seront prêts à passer un délicieux séjour loin de la maison.

Les chaussures et les bottes

Voir la figure 1-6. Les bottes légères sont en vogue, on les porte pour toutes sortes d'activités. Pourtant, je ne connais aucun randonneur sérieux qui soit mort de fatigue parce qu'il portait ces monstrueuses bottes pesant 2,5 kg munies de semelles Vibram, qui étaient si populaires il y a quelques décennies. Les critères pour le choix d'une

Figure 1-6

Bottes légères

Bottes de poids moyen

Bottes lourdes

paire de bottes sont dorénavant simples : il faut acheter les plus souples et les plus légères.

Ces règles ne s'appliquent ni aux chaussures d'alpinistes ni aux bottes d'hiver. Si vous avez besoin de chaussures qui sont vraiment imperméables, optez pour le caoutchouc ou un mélange de caoutchouc (bas) et de cuir (haut).

Voici un bon moyen d'assouplir vos bottes de cuir : remplissez-les d'eau tiède, puis videz-les au bout de 15 secondes et portez-les jusqu'à ce qu'elles sèchent.

Vous n'aurez plus qu'à les enduire d'une généreuse couche de protecteur pour cuir. Lavez vos bottes régulièrement avec du savon à selle et appliquez un produit protecteur au besoin.

Portez deux paires de chaussettes dans vos bottes. La première paire devrait être en laine (au moins 75 %) ; quant à la paire extérieure, elle sera en laine légère ou en polypropylène (confort assuré). Portez vos chaussettes intérieures à l'envers, ainsi la couture ne vous gênera pas et vous éviterez bien des ampoules. Changez vos chaussettes intérieures tous les jours, les chaussettes extérieures peuvent tenir quelques jours, selon vos activités.

Les sacs

Choisissez votre sac à dos en fonction des activités que vous souhaitez faire. Pour une randonnée en terrain relativement facile, le sac à armature en aluminium est le meilleur choix. La varappe demande plus de liberté de mouvement, les sac à dos à armature interne ont été spécialement développés pour cette activité. Le fameux sac à dos Duluth (voir la figure 1-7), un simple sac en toile muni de trois attaches, n'a pas son pareil pour une expédition en canoë. De nombreux types de sacs ont été spécialement conçus pour l'escalade ou pour les

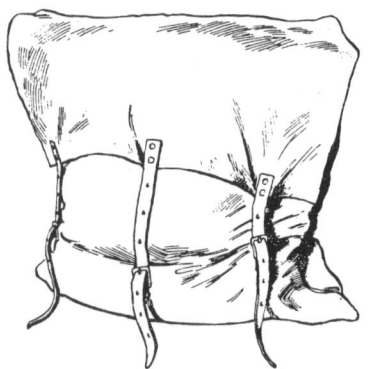

Figure 1-7

Le sac à dos Duluth est très apprécié pour les expéditions en canoë. En toile, il fait 60 cm sur un peu moins de 1 mètre.

randonnées d'un jour. Les vendeurs des boutiques spécialisées vous en présenteront une panoplie impressionnante.

Comment remplir son sac à dos. Les sacs à dos d'aujourd'hui sont peut-être dotés d'armatures (internes ou externes, voir la figure 1-8), mais on a cessé d'enseigner l'art d'y placer l'équipement. Et c'est dommage, puisque cette méthode est toujours valable.

Commencez d'abord par imperméabiliser votre sac à dos. Et n'oubliez pas ceci : quoi qu'en dise le manufacturier, votre sac à dos n'est pas totalement imperméable. Même les sacs à dos doublés d'un tissu imperméable ne sont pas tout à fait à l'épreuve de l'eau, puisqu'ils ont tous des coutures et que les tissus dont ils sont faits ne sont pas à toute épreuve. La moindre égratignure peut se transformer en fuite.

Aussi, commencez par doubler votre sac à dos d'un grand sac en plastique, puis recouvrez ce dernier d'un tissu non abrasif. Cette doublure n'a pas à être imperméable, un léger tissu en polypropylène ou en taffetas de nylon fera l'affaire. Cette seconde couche absorbera le stress que subit le plastique quand on dépose du matériel au fond du sac à dos.

Figure 1-8

Sac à armature externe (en haut à gauche)
Sacs à armature interne (en haut à droite, en bas à gauche)
Sac sans armature (à droite)

Il s'agit du même principe d'emballage en « sandwich » que celui utilisé pour les sacs de couchage.

Les pochettes extérieures du sac devraient aussi être imperméables. Pour ce faire, introduisez à l'intérieur de vos pochettes des petits sacs en plastique (de type Ziploc). Un manteau de pluie pour votre sac à dos ? Confectionnez-lui une couverture en nylon épais qui le recouvrira entièrement. Au camp, un grand sac-poubelle protégera votre équipement des attaques les plus cinglantes de la pluie.

L'abc du chargement d'un sac à dos. Pour une randonnée, il est souhaitable que le poids soit concentré près du dos et le plus haut possible. Placez le sac de couchage et le matelas au bas du sac, suivis des vêtements et articles divers, de sorte que le haut sera réservé aux aliments, aux accessoires de cuisine et à la tente.

L'escalade demande plus de mobilité, c'est pourquoi votre chargement devrait être moins lourd. Il vaut mieux charger horizontalement les sacs à dos sans armature (voir la figure 1-8) afin de mieux distribuer les objets les plus lourds le long du dos.

Le transport de la tente. C'est incontestablement l'article le plus difficile à charger correctement. Les poteaux de la tente sont souvent trop longs pour entrer dans un sac à dos. C'est pourquoi la plupart des randonneurs les placent avec la tente en haut de leur sac et les fixent à l'aide du rabat, ce qui est loin d'être une bonne idée : 1) La charge est trop haute, ce qui risque de nuire à l'équilibre du marcheur ; 2) Votre tente sera exposée aux intempéries et pourrait être mise à mal par la végétation épineuse ; 3) L'eau peut se frayer un chemin dans l'espace créé par le rabat mal fermé.

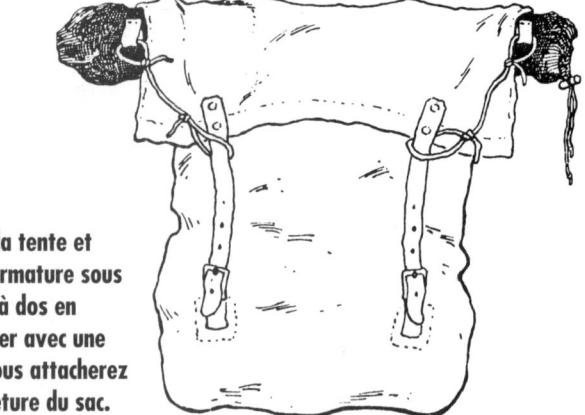

Figure 1-9

Chargez séparément la tente et l'armature. Placez l'armature sous le rabat de votre sac à dos en prenant soin de la fixer avec une corde de nylon que vous attacherez aux lanières de fermeture du sac.

IL EST PRÉFÉRABLE DE NE PAS ROULER LA TENTE ET L'ARMATURE ENSEMBLE ; VOICI COMMENT PROCÉDER (VOIR LA FIGURE 1-9) :

1. Roulez la tente ou placez-la tout simplement (nul besoin de la plier soigneusement) dans un très grand sac de nylon. Placez l'armature et les piquets dans un autre sac de nylon muni de cordons de serrage.

2. Rangez la tente dans votre sac à dos, entre la doublure de plastique et la doublure de nylon, de sorte qu'elle ne soit pas en contact avec le reste de votre équipement qui, lui, est sec. Placez le sac contenant l'armature et les piquets sous le rabat en prenant soin de le fixer avec une corde de nylon que vous nouerez aux lanières de fermeture du sac à dos.

3. Fermez solidement le rabat. La corde de nylon empêchera le sac contenant l'armature de glisser sur les côtés.

Un abri contre la pluie

Une toile de nylon d'environ 3 mètres sur 3 mètres tendue entre deux arbres vous permettra de faire la cuisine, de réparer le matériel ou de passer une journée agréable lorsqu'il pleut. Il est dommage qu'une installation si essentielle soit si souvent négligée. Au chapitre 6, vous apprendrez comment installer cet abri.

Le réchaud

Le réchaud est un élément incontournable de votre équipement. Je préfère les réchauds au naphte, à un seul brûleur, mais les réchauds Coleman à deux brûleurs constituent un très bon achat. Quoi qu'il en soit, cette pièce d'équipement est si importante que je lui ai consacré un chapitre entier.

Les accessoires

Pour un court séjour, ces quelques objets vous seront utiles : un briquet au butane, une lampe de poche, une tasse Sierra que vous utiliserez en guise de louche, des casseroles, du ruban adhésif imperméable, du cordage, de la corde à parachute et un petit nécessaire à couture. Pour un séjour plus long, il vous faudra prévoir beaucoup plus de matériel : de la colle époxy aux joints de remplacement pour votre réchaud, assurez-vous d'avoir tout ce qu'il vous faut en cas de problèmes.

Bien entendu, il est absolument impossible de dresser, dans ce chapitre, une liste exhaustive de tout le matériel dont vous pourriez avoir besoin. C'est pourquoi je vous recommande vivement d'étudier la question avec sérieux. Avant d'entreprendre une expédition en régions sauvages, lisez tous les livres sur le camping qui vous tombent sous la main et tenez-vous au courant des innovations en assistant à des sessions de formation ou à des cours. C'est une chose que d'avoir un bon équipement, encore faut-il savoir s'en servir efficacement.

Soyez à l'affût : couteaux, hachettes et scies

Dans les années 20, on trouvait sur le marché des couteaux à gaine et des haches. En 1950, l'engouement se portait sur les fameux couteaux de poche et les petites haches (3/4). Les années 70 furent celles du couteau suisse, tandis que durant les années 80 la faveur allait plutôt aux couteaux pliants. Aujourd'hui, les couteaux-scies (pourtant peu utiles en camping) et les couteaux à usages divers, comme les couteaux pliants, Gerber ou Leatherman à plusieurs lames, sont les favoris. Quant à la hache, on l'a totalement délaissée.

Les goûts des campeurs ont été soumis à bien des influences, mais dans leur quête du meilleur instrument, ils ont malheureusement oublié que les gestes usuels, comme couper un bout de fromage ou faire du petit bois pour le feu, sont restés les mêmes qu'il y a cent ans. Aussi, devriez-vous prendre en compte ces besoins primaires lorsque vient le temps de choisir un couteau.

COMMENT CHOISIR UN COUTEAU DE CAMP ?

1. Il doit avoir une lame assez longue (environ 12 cm) pour couper aisément le fromage et la viande, et pour vous permettre d'atteindre le fond d'un pot de beurre d'arachide sans vous salir !

2. Sa lame devrait être mince et bien plate pour vous permettre de trancher les aliments facilement.

Presque tous les couteaux que l'on vend habituellement pour des activités de plein air ont une lame trop épaisse. Un couteau dont le dos a plus de 0,3 cm d'épaisseur est trop épais, et ce, même si son côté tranchant est très mince. Essayez de couper une tomate avec un couteau de chasse et vous comprendrez vite ce que je veux dire.

Les couteaux à lames fixes et ceux à lames pliantes sont tous deux de bons instruments de base pour le plein air. Retenez toutefois qu'à longueur de lame égale, les couteaux pliants sont généralement plus chers.

Si votre choix se porte sur ce type de couteau, choisissez une lame mince et bien plate qui mesure entre 8 et 10 cm de long. Pour une lame très coupante et facile d'entretien, je vous conseille le fer carburé plutôt que l'acier inoxydable. Il est vrai qu'il existe des lames en acier inoxydable d'excellente qualité ; malgré tout, elles ne sont en rien

Figure 2-1

Couteau Cliff (haut) et couteau de campeur Grohmann grand modèle (bas)

comparables aux bonnes lames en fer qui sont si faciles à aiguiser et à entretenir.

Quoi qu'il en soit, vous aurez tout de même besoin de deux couteaux : un couteau de cuisine à lame mince et un couteau pliant tout usage. À titre d'indication, mon préféré est le couteau Cliff que j'ai moi-même conçu alors que je n'arrivais pas à remplacer mon bon vieux petit Gerber (voir la figure 2-1). Mon couteau Cliff est doté d'une lame de 10,7 cm en acier L6 qui est presque de l'épaisseur d'une feuille de papier. Il a été spécialement fabriqué par Idaho Knife Works. Ce qui ne m'empêche pas d'apprécier les services du Grohmann n° 2 appelé « Trout and Bird » qui est doté d'une lame de 10 cm en fer carburé. (Ne choisissez pas le modèle en acier inoxydable.)

L'affûtage (voir la figure 2-2). N'affûtez jamais votre couteau à l'aide d'un aiguisoir électrique ou d'une de ces meules bon marché que l'on vend dans les grands magasins. Ce genre de gadgets lui causera des dommages irréparables. Utilisez plutôt une pierre à affûter synthétique (diamant) ou une pierre tendre Arkansas (de rugosité moyenne). Pour une lame aussi coupante qu'une lame de rasoir, choisissez une pierre Arkansas dure.

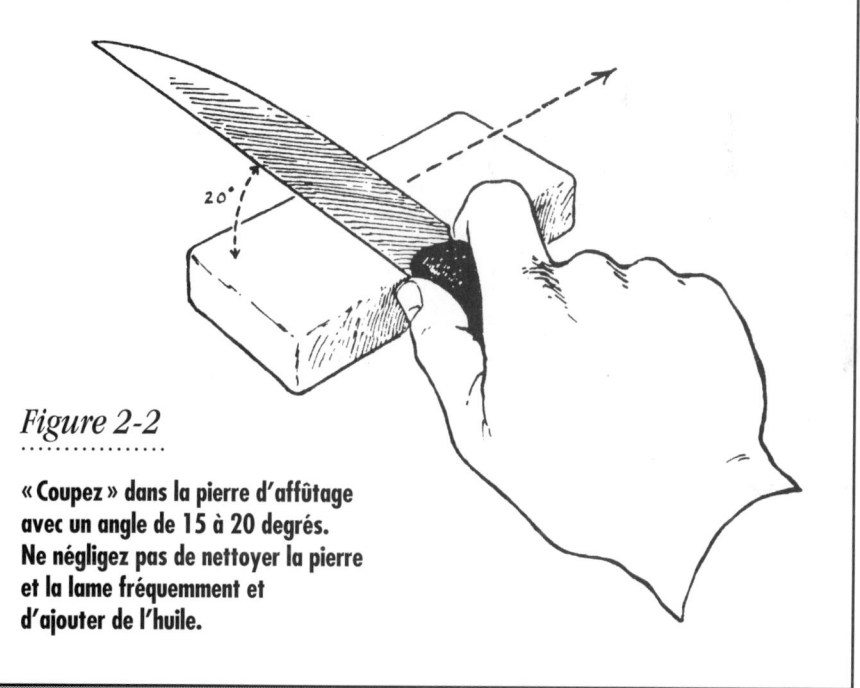

Figure 2-2

« Coupez » dans la pierre d'affûtage avec un angle de 15 à 20 degrés. Ne négligez pas de nettoyer la pierre et la lame fréquemment et d'ajouter de l'huile.

Le camping

Répandez une fine couche d'huile sur la pierre naturelle (utilisez de l'eau pour la pierre synthétique) pour faciliter l'évacuation des particules de métal. Soulevez le dos du couteau pour qu'il forme un angle de 15 à 20 degrés avec la pierre d'affûtage, puis frottez-y la lame comme le montre la figure 2-2.

Tout au long de l'affûtage, nettoycz fréquemment la pierre et la lame et ajoutez de l'huile. Pour ma part, j'ai l'habitude d'affûter alternativement les deux côtés à raison de quatre coups successifs par côté. Tous les 30 coups, je nettoie ma pierre et je l'enduis d'huile neuve. À la fin de cette opération, je repasse ma lame sur le cuir afin d'obtenir une lame très tranchante.

La hachette

Lorsqu'il a plu pendant quelques jours, il est presque impossible d'entretenir l'intensité d'un feu sans le secours d'un bon outil pour couper du bois. Une hache est très utile dans ce cas, mais encore faut-il avoir assez de place pour transporter un objet aussi lourd et encombrant. Au camp, une hachette en acier de bonne qualité fera tout aussi bien l'affaire. On croit à tort que la hachette est un instrument dangereux, mais elle est tout à fait inoffensive, si l'on sait s'en servir. Muni d'une scie pliable et d'une hachette, vous serez en mesure de couper, avec un minimum d'effort, tout le bois dont vous aurez besoin.

SUIVEZ CES QUELQUES RÈGLES POUR ÉVITER LES ACCIDENTS :

1. Sciez votre bois en tronçons de 30 cm de long.
2. Servez-vous de votre hachette pour fendre le bois, non pas pour le couper. Votre scie est spécialement conçue pour cette tâche.
3. Enfoncez délicatement la tête de la hachette au bout du rondin (voir la figure 2-3). Tandis que vous maintiendrez le rondin en place, une autre personne frappera sur le dos de la hachette avec un billot de bonne taille. Il est préférable d'utiliser une hachette tout acier pour cette manœuvre, car les manches en bois sont plus susceptibles de se briser. Fendez les gros rondins de plus de 15 cm à plusieurs reprises.

Attention : **tenez la hache fermement et à deux mains afin que le billot percute le dos de la hachette avec force et efficacité.**

Le bois d'allumage. Fendez le bois par le bout en le maintenant en place à l'aide d'un bâton que vous appuierez sur le bout du rondin (voir la figure 2-4).

L'affûtage. Éliminez les entailles de la lame à l'aide d'une lime plate. Polissez-la ensuite avec une pierre Arkansas tendre ou une pierre synthétique (diamant). Enduisez votre hachette d'une fine couche d'huile afin de la protéger de la rouille.

La scie pliante

Cette scie est le parfait instrument pour faire du feu les jours de pluie. Les scies en acier sont peut-être très solides, mais il faut reconnaître qu'elles sont plutôt difficiles à transporter. (Bien entendu, si vous avez une caravane, cela ne pose pas de problème.) Les scies pliantes en aluminium sont très légères, toutefois leur cadre triangulaire ne permet pas de couper de très gros rondins.

Voici trois excellentes scies que je recommande sans hésitation.

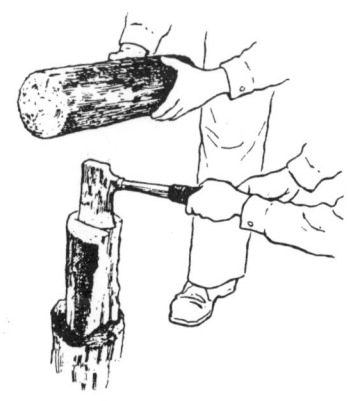

Figure 2-3

Il est très facile de fendre du bois, à condition de ne pas se servir de la hachette comme d'un instrument destiné à couper. Voici comment fendre les gros rondins.

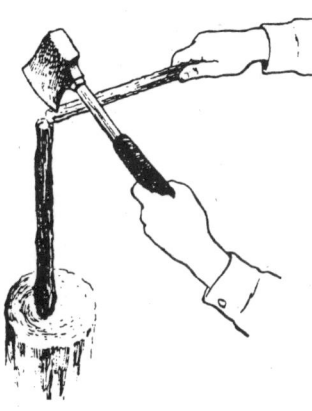

Figure 2-4

On fend le petit bois à partir de l'extrémité. Pour plus d'aisance, maintenez la pièce à couper à l'aide d'un autre bout de bois (ci-dessus).

Le camping

Figure 2-5
Scie à bûches

La scie en aluminium tubulaire (voir la figure 2-6). De forme rectangulaire, cette scie est dans la pure tradition des scies à bûches. Sa taille lui permet de couper les gros billots et elle est dotée de deux lames : une pour le bois et une pour la viande.

La scie à bûches Fast Bucksaw. Cette superbe scie en bois d'érable est pourvue d'une lame d'environ 50 cm qui se remplace facilement (des lames de rechange sont disponibles dans les quincailleries). Une fois assemblée, elle est aussi solide qu'une scie ordinaire. On peut se la procurer par correspondance chez Fast Bucksaw Inc.

La Sawvivor. En matière de légèreté, la Sawvivor est imbattable (voir la figure 2-6). Son cadre en aluminium s'assemble en un éclair et se fixe solidement, sans aucun jeu.

Cette scie ne pèse que 30 g et sa lame mesure à peu près 38 cm. On peut se la procurer chez la plupart des détaillants d'articles de camping. La Sawvivor est la scie officielle de l'armée américaine.

Figure 2-6

**Sawvivor (ci-dessous)
Scie à bûches Fast Bucksaw (droite)**

Le camping

L'art de faire un feu

Être capable de faire un feu avec du bois humide est une des habiletés les plus importantes à acquérir lorsqu'on pratique des activités de plein air. Malheureusement, peu de personnes savent comment s'y prendre. Voici comment faire un feu même durant les pires intempéries (voir la figure 3-1).

Il y a déjà quelques années de cela, j'ai observé pendant près d'une heure deux adolescents qui tentaient d'allumer un feu. Les garçons craquaient allumette sur allumette sans succès, jusqu'à ce qu'ils baissent les bras. J'ai alors décidé de leur porter secours : j'ai réorganisé le tout et le feu s'est embrasé à la première allumette. Il m'a souvent été donné de voir de telles scènes et c'est pourquoi j'en suis venu à penser que si plusieurs campeurs sont capables de faire un feu par une chaude et sèche journée d'été, bien peu sont capables par temps pluvieux.

Sceptique ? Allez faire un tour dans un parc national après un fort orage et comparez le nombre de feux de camp qui sont ardents avec la somme de pièces d'équipement trempées suspendues dans le vain espoir qu'elles sèchent.

Les guides de plein air prétendent souvent qu'un campeur expérimenté peut allumer un feu avec une seule allumette même durant les pires tempêtes. Ne les croyez pas. Personne ne peut faire un feu dans de telles conditions, mais tout le monde le peut à la suite d'une averse modérée ou d'une fine pluie qui a duré quelques jours. On doit cependant savoir comment s'y prendre.

Il vous faut d'abord du bon bois d'allumage, mais pour ce faire, il est indispensable d'avoir les bons outils : une scie pliante, une hachette et un couteau bien affûté.

Et maintenant, le bois d'allumage. Au nord, on a souvent tendance à utiliser de l'écorce de bouleau, au détriment des bouleaux et des prochains campeurs qui occuperont le site. De toute façon, après une forte pluie l'écorce sera probablement trop mouillée et lorsque le temps est sec, il existe des moyens plus efficaces d'allumer un feu.

Les branches fines – de la taille d'un crayon – qui se trouvent à la base des conifères sont parfaites. Étant protégées des intempéries par les plus grandes, ces petites branches sont généralement très sèches. Même après plusieurs journées de pluie, elles sont toujours bien cassantes. Tout ce dont vous avez besoin est une bonne poignée de branchettes.

S'il s'avérait que vous ne puissiez en trouver parce qu'elles sont trempées – dans les parcs nationaux on ne peut les ramasser – essayez de mettre la main sur un bout de bois dont le centre est bien sec. Ramassez ces quelques morceaux de bois tendre (pin, bouleau, cèdre, etc.) dans les clairières, autour de votre campement. Lorsque vous en aurez au moins un, découpez (à la scie) la portion qui n'a pas été en contact avec le sol. Posez le bois sur votre joue et sur vos lèvres afin de

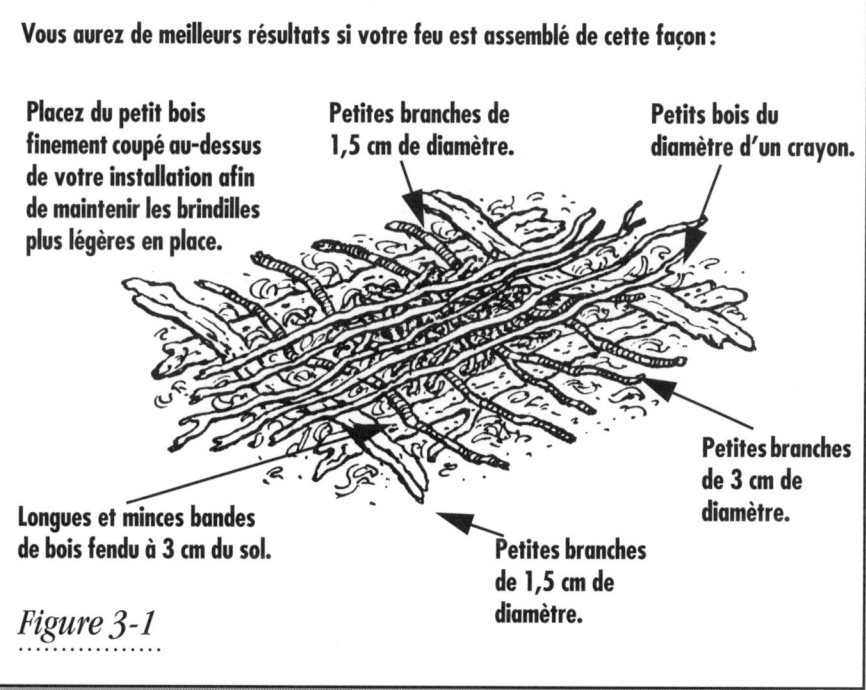

Vous aurez de meilleurs résultats si votre feu est assemblé de cette façon :

Placez du petit bois finement coupé au-dessus de votre installation afin de maintenir les brindilles plus légères en place.

Petites branches de 1,5 cm de diamètre.

Petits bois du diamètre d'un crayon.

Longues et minces bandes de bois fendu à 3 cm du sol.

Petites branches de 1,5 cm de diamètre.

Petites branches de 3 cm de diamètre.

Figure 3-1

vous assurer qu'il est bien sec. L'aubier qui se trouve à l'extérieur est peut-être humide, mais le centre devrait être resté sec. Certes, il y a autant de bois mort dans la forêt que dans les clairières, mais, et c'est là un principe élémentaire de biologie, l'humidité de la forêt favorise la putréfaction. Or, on le sait, le bois pourri brûle très mal. D'autant plus que les souches des clairières sont exposées à la lumière du soleil (ce qui ralentit le processus de décomposition) ; aussi leur centre est-il généralement bien sec.

Découpez, à la scie, la partie de la bûche qui a été exposée au soleil et fendez-la en morceaux de 30 cm de long en utilisant la méthode présentée au chapitre 2. Tranchez-les ensuite en de longues et minces bandes ; voilà, vous avez votre bois d'allumage. Lorsque vous en aurez en grand nombre, construisez votre feu en trois étapes.

1re étape

Disposez les petites branches de 3 cm de diamètre parallèlement en les espaçant de 15 cm. Puis, déposez perpendiculairement aux branches quelques morceaux de petit bois de la taille d'un crayon. Laissez un espace de 3 cm entre les morceaux de petit bois.

2e étape

Placez des petites branches ou de longues et fines bandes de bois fendu sur le dessus. N'en mettez pas trop : le feu doit être suffisamment aéré pour bien brûler.

Déposez ensuite deux petites branches de 1,5 cm de diamètre aux deux bouts des plus grosses branches (celles de 3 cm de diamètre). Ces deux branches supporteront les morceaux plus lourds que vous empilerez au sommet de votre feu.

3e étape

Maintenez en place les fines bandes de bois fendu, en déposant par-dessus de petites branches puis quelques morceaux de bois plus gros. Pour de meilleurs résultats, utilisez du bois fendu, plutôt que les branches que vous avez ramassées sur le sol.

Vous pouvez maintenant allumer votre feu, et avec une seule allumette. Cette technique est peut-être fastidieuse, mais elle a fait ses preuves.

POURQUOI CETTE MÉTHODE EST-ELLE D'UNE RARE EFFICACITÉ ?

1. On allume ce feu par le dessous en partant du principe que la chaleur et les flammes ont tendance à monter plutôt qu'à se propager par les côtés. Alors qu'un feu de camp traditionnel s'allume par les côtés.

2. Le petit bois est posé par couche, ce qui maintient une bonne circulation d'air propre à alimenter le feu. Rapidement, le feu s'embrase en produisant de belles flammes vives et peu de fumée.

3. Le bois d'allumage n'est pas en contact avec le sol humide.

Conseils : **Dans les forêts de conifères du nord et de l'est, cherchez les sapins baumiers. Leur gomme est presque aussi volatile que le kérosène. Durant l'été, les résineux produisent des poches de résine de plusieurs centimètres de diamètre sur leurs troncs. Percez quelques poches à l'aide d'une branche et déposez-en sur un morceau de bois ou d'écorce. Placez ensuite le tout (la résine et le bois ou l'écorce) à la base de votre feu et allumez. Voilà ! Vous n'aurez besoin que d'une allumette.**

Apportez un briquet au butane afin de garder vos allumettes pour les cas d'urgence. Ajoutez une bougie et des allume-feu (des rubans ou autre). Lorsque vous avez besoin de faire du feu pour vous réchauffer en route, munissez-vous de ces quelques articles : un carton de deux litres de lait vide que vous aurez aplati, une bonne poignée de petit bois et quelques bouts de bois fendu que vous déposerez dans des sacs en plastique.

Lorsque le besoin se fera sentir, vous n'aurez qu'à vider le contenu de vos sacs sur le sol. Dépliez le carton de lait et parsemez-le d'allume-feu (ruban). Allumez le ruban et empilez tout le bois par-dessus. Le carton brûlera pendant environ 3 minutes et la combustion du bois prendra 5 minutes, ce qui vous laissera le temps de ramasser du bois pour alimenter votre feu. Ceux qui sont trempés pourront ainsi rapidement se réchauffer auprès de la flamme de ce feu éclair.

RÉVISION DES PRINCIPES DE BASE POUR FAIRE EFFICACEMENT DU FEU

1. Espacez bien les petites branches qui sont à la base du feu afin d'obtenir une meilleure aération, ce qui favorise le

développement des flammes. La majorité des feux s'éteignent par manque d'oxygénation.

....

2. Le petit bois doit avoir le diamètre d'une allumette. C'est une perte d'énergie que de tenter d'allumer un morceau plus large lorsque le temps est pluvieux.

....

3. N'alimentez pas votre feu durant les premières minutes afin d'éviter que les premières flammes montent trop haut. Si vous ajoutez du bois trop tôt, la chaleur se dispersera et votre feu se refroidira. Les feux en forme de tipi (à la façon scoute) sont bien jolis dans les livres, mais ils ne brûlent pas très bien. Une fois que vous aurez terminé la troisième étape, alimentez votre feu avec parcimonie en ajoutant une pièce de bois à la fois. Placez chaque pièce de façon stratégique afin que les flammes passent entre chacun des morceaux de bois. Et rappelez-vous : un feu qui dégage de la fumée est un feu qui est en train de suffoquer.

Comment économiser le bois. Vous pouvez mettre en application cette méthode lorsque votre feu est déjà bien embrasé et que vous n'avez pas beaucoup de bois. Premièrement, alimentez-le en plaçant de petits billots parallèlement au-dessus du feu. La règle veut habituellement que l'on espace les bûches d'une longueur équivalente à celle de leur rayon, afin d'obtenir un feu qui ne dégage pas de fumée. Par exemple, deux billots de 5 cm de diamètre, placés côte à côte, devraient être séparés de 2,5 cm, et votre feu sera adéquatement ventilé. Or, lorsque vous voulez économiser du bois, cet espace doit prendre la taille d'un minuscule interstice afin de réduire l'apport d'oxygène et de ralentir la combustion. Veillez aussi à protéger votre feu du vent. Un large galet – il ne doit pas être couvert de champignons, car il pourrait voler en éclats – ou des billots superposés font bien l'affaire.

Éteindre le feu. Évidemment, votre feu devrait être complètement éteint avant que vous ne quittiez les lieux. C'est facile : lorsqu'il n'y a plus de fumée et que vous avez bien arrosé le tout, assurez-vous une dernière fois qu'il est bien éteint en y touchant. S'il est assez chaud pour vous brûler les doigts, il est bien assez chaud pour causer un incendie.

Le choix d'un réchaud

Bien entendu, vous pouvez à peu près tout cuire sur un feu de camp. Nombre de campeurs choisissent cette méthode de cuisson. Mais, alimenter un feu de cuisson quand on campe dans un parc ou un terrain où les brassées de bois se vendent à prix d'or revient en quelque sorte à brûler de l'argent. Certes, pour le camping en régions sauvages, vous pouvez généralement vous passer d'un réchaud, puisqu'il y a du bois à votre disposition. Malgré tout, lorsque vous arriverez dans une zone où une interdiction de faire du feu est en vigueur, vous regretterez de ne pas avoir de réchaud.

Les types de réchauds

Il y a les réchauds à essence, au kérosène, au butane et au bois. D'autres encore utilisent des mélanges de divers combustibles (voir la figure 4-1). Ces derniers ne produisent cependant pas autant de chaleur que les réchauds au naphte.

Les réchauds à essence (ou au naphte) sont très fiables, tout spécialement par mauvais temps. Et qui plus est, ce combustible est celui qui dégage le plus de chaleur. Ils n'acceptent habituellement que du naphte ou du combustible Coleman (du naphte très raffiné). Il n'est pas prudent d'utiliser de l'essence ordinaire. L'essence sans additif n'est pas très répandue et elle est fort différente de l'essence sans plomb avec additifs vendue dans toutes les stations-service. L'essence sans plomb est plus volatile et engendre une plus forte pression dans les réchauds qui sont conçus pour le naphte.

Les réchauds au kérosène dégagent à peu près autant de BTU que les réchauds au naphte, mais ce combustible est moins volatile. Un réchaud à essence peut exploser, mais pas un réchaud au kérosène. Toutefois, les réchauds au kérosène dégagent une mauvaise odeur et on doit les allumer avec de l'alcool ou du naphte. Ils n'en sont pas moins très fiables et très bien adaptés à la cuisine de camp.

Les réchauds au propane ne sont pas très chers et dégagent beaucoup de chaleur. Leur taille constitue leur plus gros inconvénient : les lourdes bouteilles de gaz en acier sont parfaites pour une caravane, mais se transportent difficilement dans le sac d'un canoéiste ou d'un randonneur.

Les réchauds au butane sont de petites merveilles qui s'allument instantanément. Le remplissage se fait en un tour de main, puisqu'il suffit de changer la bouteille. Toutefois, le butane ne dégage pas beaucoup de chaleur : sa performance s'affaiblit à mesure que le mercure baisse. Les réchauds au butane sont pratiquement inutilisables près du point de congélation. Les campeurs expérimentés n'utilisent pas ces réchauds, mais ils sont parfaits en haute altitude, car le gaz y acquiert une plus forte pression. Si vous ne campez pas en altitude, achetez un autre type de réchaud.

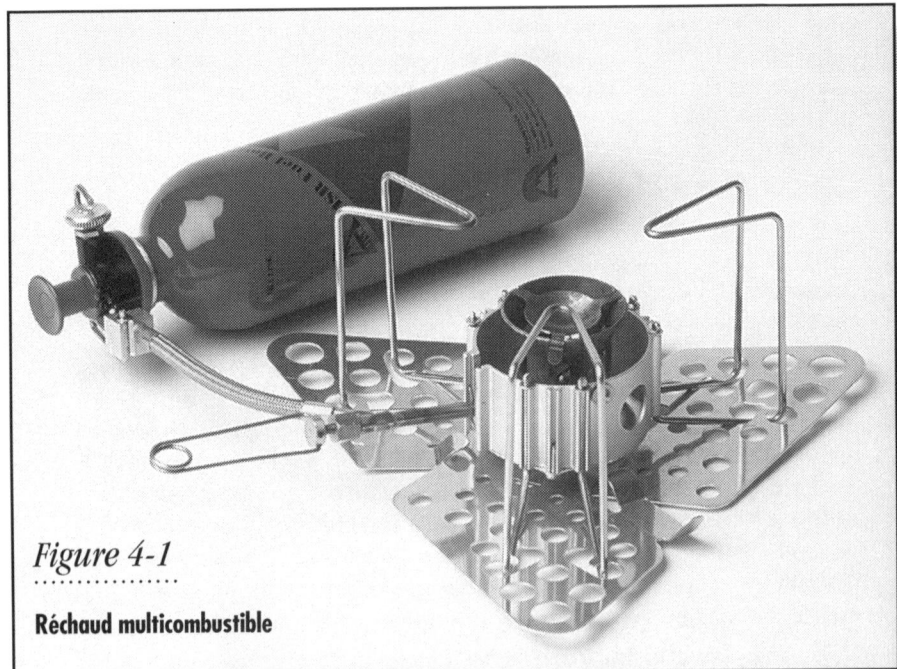

Figure 4-1

Réchaud multicombustible

Les réchauds qui utilisent des mélanges de combustibles, par exemple le butane et le propane, offrent de meilleures performances par temps froid. Malgré tout, leur rendement est bien en deçà de celui des réchauds au naphte.

Les réchauds à alcool sont sûrs et fiables. Vous n'avez qu'à allumer le brûleur et vous êtes prêt à cuisiner. Toutefois, ils sont plutôt lents : la plupart prennent de 10 à 15 minutes pour amener à ébullition un litre d'eau ! Le Sterno est en fait de l'alcool sous forme solide ; on l'utilise pour réchauffer les aliments, mais il ne dégage pas assez de chaleur pour les cuire.

Les réchauds au bois. Si vous êtes un amateur de feu de camp, vous apprécierez ce type de réchauds. Ils sont légers et très efficaces et, qui plus est, leur combustible est gratuit. Le bois brûle vite, vous devez donc alimenter le feu durant la cuisson. Le réchaud **Super Sierra** (voir la figure 4-2) est doté d'un ventilateur à pile et d'un dispositif de contrôle de la chaleur. Il dégage 15 000 BTU, soit deux fois plus que la plupart des réchauds au naphte. Le Super Sierra fonctionne bien quelle que soit la température ; vous pouvez même utiliser du bois humide. J'utilise le mien pour allumer mon feu lorsqu'il pleut, pour brûler les ordures ou lorsque je campe dans des endroits où il n'y a que des brindilles et des petites branches.

Figure 4-2

Super Sierra

Il fonctionne avec des piles AA et peut brûler presque n'importe quoi.

Les qualités d'un réchaud

La stabilité. Il n'y a rien de plus contrariant que de réchauffer une pleine casserole de sauce à spaghetti sur un instrument qui tangue au moindre coup de cuillère. Un réchaud peut sembler parfaitement solide sur les rayons d'un magasin et se renverser au moindre coup de vent, n'oubliez pas cela avant de faire votre choix.

L'allumage. Les réchauds dotés de pompe sont habituellement plus faciles à allumer que ceux qui n'en ont pas. Pour le campeur moyen, un réchaud à pompe est vraiment idéal.

La protection contre le vent. Lorsque vous serez obligé d'ériger un muret de pierre autour de votre réchaud pour le garder allumé, vous réaliserez qu'il est indispensable qu'il soit doté d'une bonne protection contre le vent. Mais rappelez-vous que les panneaux en aluminium noircissent et que les panneaux détachables sont faciles à perdre.

L'ajustement de la flamme. Pour être capable de faire cuire des crêpes et de réchauffer un ragoût, il vous faut une flamme dont le réglage est très sensible ; malheureusement, la majorité des petits réchauds ne sont pas aussi efficaces. Le fameux Coleman à deux brûleurs et le Peak 1 (compact) sont les deux modèles dotés des réglages les plus sensibles.

Les pièces en plastique. Le plastique ne fait pas bon ménage avec les réchauds. Il durcit sous l'effet de la chaleur et du temps et finit par se fendre. S'il advenait que le brûleur s'emballe, le plastique fondrait et brûlerait. Ne considérez pas l'achat d'un réchaud dont les conduits de combustible ne sont pas à l'épreuve des flammes.

Voici les choses à faire et à ne pas faire afin de conserver votre réchaud en bon état saison après saison.

À faire :

◆ **Rangez toujours le combustible dans le contenant prévu à cet effet.** Les substances volatiles se transportent bien dans des contenants de 1 litre en aluminium ou dans leur contenant original en acier.

◆ **Vérifiez fréquemment la température du réservoir de combustible en le touchant.** Si vous ne pouvez y laisser votre main sans inconfort, baissez le feu ou versez de l'eau froide sur le réservoir, ou les deux.

◆ **Ayez des pièces de rechange et des outils.** Un bouchon de réservoir supplémentaire et quelques joints de pompe suffisent habituellement. Apportez un petit tournevis et des pinces.

◆ **Videz le réservoir de votre réchaud à la fin de la saison.** Les impuretés qui se trouvent dans le combustible peuvent nuire à son fonctionnement. **Important : il s'agit de la principale cause de bris des réchauds.**

À ne pas faire :

◆ **Ne perdez pas ou ne retirez pas le bouchon** du réservoir d'un réchaud au naphte lorsqu'il est allumé. Vous pourriez causer une explosion.

◆ **N'ajoutez pas de combustible dans un réchaud qui est encore chaud.** Il pourrait y avoir suffisamment de chaleur pour que les gaz s'enflamment d'eux-mêmes.

◆ **Ne vous servez pas de casseroles qui sont trop grandes.** Elles réfléchissent beaucoup de chaleur vers le réservoir, ce qui peut surchauffer le réchaud. Réglez le feu aux trois quarts de sa capacité maximale lorsque vous utilisez de telles casseroles.

◆ **N'utilisez pas d'essence** ordinaire dans un réchaud au naphte (sans plomb ou pas).

◆ **N'allumez pas votre réchaud sous la tente** ou dans un endroit clos. Les étincelles pourraient s'avérer très dangereuses.

◆ **Ne l'utilisez que dans un endroit suffisamment aéré.**

- ◆ **Ne déposez pas votre réchaud sur un sac de couchage** ou un tapis de sol. La chaleur résiduelle est suffisante pour endommager ces articles.

- ◆ **Ne réglez pas votre réchaud à son intensité maximale** pour de longues périodes de temps. Le réservoir finirait par surchauffer et la soupape de sécurité pourrait sauter.

- ◆ **N'entourez pas votre réchaud de papier d'aluminium** pour en augmenter l'efficacité. Il pourrait surchauffer et exploser.

- ◆ **Ne remplissez pas le réservoir des réchauds** au naphte ou au kérosène plus qu'aux trois quarts. Le combustible ne pourra se vaporiser s'il n'y a pas suffisamment d'espace libre dans le réservoir.

La cuisine au camp

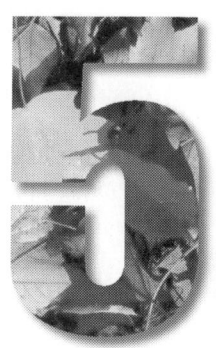

Deux grandes tendances se dessinent quant à l'art de se nourrir en camping. Certains préfèrent consacrer autant de temps qu'il est nécessaire à cuisiner des plats délicieux, quitte à passer de longues heures devant leur marmite et à respirer des tonnes de fumée. L'autre point de vue se résume à ceci : « Je ne campe qu'une semaine par année, c'est pourquoi je prépare des plats simples qui ne me demandent pas plus de 20 minutes. Si cela doit me prendre plus de temps, je laisse tomber. »

Je préfère la seconde approche. Voici pourquoi. Il y a quelques années, alors que je pagayais, à la tombée de la nuit, non loin des rives d'un lac très fréquenté, j'ai soudain aperçu un homme et une femme qui contemplaient avec admiration le ciel étoilé. Je me suis approché d'eux et j'ai entamé une conversation au cours de laquelle je leur ai posé la question qui me brûlait les lèvres : « Pourquoi n'avez-vous pas fait un bon feu ? »

L'homme s'empressa de me raconter son aventure. Sa femme et lui n'étaient pas très expérimentés, ni l'un ni l'autre n'avait fait de canoë ou de camping auparavant. Lorsque le temps de planifier le menu arriva, ils optèrent, sans trop y penser, pour des aliments à cuisson lente. Ils avaient des crêpes et du pain doré pour le petit déjeuner, des sandwichs grillés au fromage et de la soupe pour midi et une panoplie d'aliments déshydratés pour le soir. Bref, tous ces mets demandaient à être cuisinés sur un réchaud ou un feu de camp bien alimenté. Toutes choses que le couple n'avait pas.

« Les premiers jours nous avons suivi notre menu, ajouta-t-il. Nous nous levions de bonne heure afin de faire du feu, et à midi nous devions recommencer le même manège. C'était harassant. À la fin de la troisième journée, nous n'avions parcouru que 24 km. C'est alors qu'il a commencé à pleuvoir et que nous avons été incapables de faire du feu. Nous avons décidé de nous débarrasser des aliments déshydratés pour ne garder que du beurre d'arachide, des craquelins, du fromage, etc. C'est ainsi que, libérés de l'obligation de faire du feu, nous avons pu parcourir environ 24 km par jour au lieu de 8. Nous avons enfin pu contempler le paysage ; et c'est bel et bien pour cela que nous sommes venus ici ! »

Lorsque j'ai offert au couple de lui montrer comment faire un feu par temps pluvieux, il a poliment décliné mon offre, en alléguant qu'il ne désirait qu'une seule chose : jouir de son séjour.

En ce qui me concerne, je dois admettre que les sandwichs au fromage froids ne sont pas mon mets préféré, même pendant un très court séjour. Je suis partisan du juste milieu : un petit déjeuner assez court, un repas du midi froid et un rapide, mais consistant, souper chaud.

Petits déjeuners faciles à préparer

Le bon vieux gruau. Quand en avez-vous mangé pour la dernière fois ?

Si vous voulez améliorer le goût de ces céréales, mélangez des fruits déshydratés, des raisins et de la cassonade à l'eau avant de commencer la cuisson. Les fins palais y ajouteront des dattes et des noix hachées.

Aucune céréale n'est un aliment complet sans lait ; bien entendu, il s'agira de lait déshydraté en poudre. Le plus souvent, le lait en poudre que l'on trouve dans les supermarchés a un goût épouvantable.

Le repas du midi

Je préfère les repas du midi qui ne requièrent pas de cuisson. Mes repas sont nutritifs, tout en restant frugaux. Ils se composent souvent de ces aliments :

Pita (ce pain se conserve au moins une semaine hors du réfrigérateur)

Fromages et saucissons secs

Tablettes de céréales et de fruits séchés (granola)

Beurre d'arachide et confiture

Jus de fruits en sachet

Bonbons

Quelques aliments salés (noix, bretzels, etc.)

Le souper

Après mes deux premiers repas, le souper arrive comme une véritable bénédiction. Je me permets même quelques extravagances en ajoutant à mes repas de la sauce en boîte et des légumes frais. Les soupes en sachet Lipton et Knorr font partie de tous mes repas, au même titre que le dessert. Si le temps me le permet, je fais des brioches à la cannelle ou un gâteau au chocolat dans mon four de fortune (voir la section sur les fours à la p. 37) et je termine mon repas par du maïs soufflé et du thé épicé. Autrement, je me contente de riz et de pommes de terre instantanées, de nouilles et de Bisquick. Bien entendu, lorsque je me sers de ma caravane, tout est bon, du moment que cela entre dans ma glacière.

Les campeurs qui voyagent avec peu finissent, au bout de quelques jours, par trouver leurs repas ennuyeux. J'ai pris l'habitude de servir des pizzas sur pita en après-midi. Tout le monde en raffole.

Pizza sur pita pour quatre personnes

INGRÉDIENTS

Un ou deux pitas par personne

$1/2$ tasse de tomates séchées réduites en poudre ou une petite boîte de pâte de tomate

300 g de mozzarella (emballé sous vide, ce fromage se conserve des semaines)

Fines herbes : origan, poudre d'ail, piment de Cayenne, basilic

Suggestions de garnitures : pepperoni, saucisson d'été, salami, oignon frais, olives noires, champignons en conserve, anchois, huîtres fumées, etc.

PRÉPARATION

1. Coupez la viande et cuisez-la à la poêle. Enlevez l'excédent de gras avec un essuie-tout. Coupez les légumes et les champignons assez grossièrement et faites revenir le tout dans un peu d'huile légère, épongez l'excédent de gras et réservez.

2. Pour la sauce : mélangez dans un bol la poudre de tomates avec un peu d'eau afin d'obtenir une pâte épaisse. Vous pouvez aussi utiliser de la pâte de tomates en boîte. Saupoudrez d'origan, d'ail, de basilic, de sel et de piment de Cayenne.

3. Déposez les pitas dans une poêle bien huilée (je préfère utiliser de l'huile d'olive), couvrez. Faites-les dorer d'un côté (une vingtaine de secondes), retournez-les et garnissez-les de sauce tomate, de fromage, de viande et *tutti quanti*. Versez un filet d'eau dans la poêle (pour que le fromage fonde à la vapeur) et couvrez. Laissez cuire à feu doux environ 30 secondes ou jusqu'à ce que le fromage soit fondu. Vous adorerez.

La fringale

Les adeptes de la caravane peuvent bien grignoter des friandises, mais les randonneurs et les canoéistes doivent opter pour des goûters plus nutritifs comme les gâteaux aux fruits, les fruits déshydratés, le maïs soufflé, les tablettes granola et les noix mélangées (les noix de cajou sont celles qui ont la plus grande valeur nutritive).

Comment emballer vos aliments

Afin d'éviter toute confusion, emballez séparément chaque repas. Éliminez tout emballage inutile, votre charge sera plus légère et moins encombrante. Je range les aliments solides comme le jus en cristaux et les préparations pour biscuits dans des Ziplocs et je les dépose ensuite dans un sac en nylon épais. Je place les aliments fragiles, comme les craquelins et le fromage, dans une boîte en carton bien solide. Une boîte de céréales coupée pourrait faire l'affaire, mais je préfère un carton de deux litres de lait vide. Ce carton pourra éventuellement être recyclé en pot à jus ou en bol à pudding. Vous pourriez aussi l'aplatir et vous en servir pour allumer un feu en cas de besoin urgent.

Chacun de vos repas devrait être emballé dans un sac de nylon identifié par un code de couleur. L'heure du repas venue, vous sauverez beaucoup de temps en adoptant ce système de codification. Je place mes petits déjeuners dans des sacs verts, mes repas du midi dans des sacs bleus et mes repas du soir sont en rouge. Depuis que j'ai adopté cette méthode, je n'ai plus de mauvaises surprises. Chaque sac porte une inscription indiquant son contenu.

En emballant chacun de vos repas individuellement, vous serez certain de tout avoir à la portée de la main et vous n'aurez jamais à faire un repas au gruau.

Les liquides se transportent bien dans des bouteilles de plastique munies de bouchons qui se vissent. Les contenants en polypropylène Nalgene (voir la figure 5-1) sont les plus fiables et… les plus chers. Les contenants vides de sirop ou de miel feront très bien l'affaire, à condition que vous remplaciez leurs couvercles à rabat en plastique par un plus solide qui ne s'ouvrira pas de façon accidentelle. Vous pouvez aussi sceller le couvercle à rabat en le passant à la flamme de votre réchaud.

Les hôpitaux et les cliniques jettent les bouteilles d'eau stérile après usage.

Ces bouteilles graduées contiennent de 500 à 1500 ml de liquide et sont légères et flexibles. Les bouteilles d'eau stérile sont étonnamment solides et, qui plus est, elles ne dégagent aucune odeur, au contraire de celles qui sont en plastique poreux. Elles sont dotées d'un couvercle étanche qui se visse et d'une lanière qui permet de les suspendre. On ne peut trouver de bouteilles plus propres, n'oubliez pas qu'elles étaient remplies d'eau stérile. Votre hôpital local pourra sans doute vous donner quelques-unes de ces merveilleuses bouteilles.

Figure 5-1

Bouteilles à embouchure large qui se ferment hermétiquement

Le camping

Quelques conseils concernant la préparation des aliments

Les biscuits et les gâteaux. Ne délayez pas la préparation dans un bol : c'est trop salissant. Versez-la plutôt dans un sac en plastique. Ajoutez-y de l'eau et pétrissez le contenu du sac jusqu'à l'obtention d'une texture lisse. Entaillez légèrement le bas du sac puis pressez-le (utilisez le sac comme s'il s'agissait d'une poche à douille). Voilà ! Aucun dégât ni aucune perte. Brûlez le sac en plastique.

Le maïs soufflé. Faire du maïs soufflé en grande quantité est une tâche ingrate, même si vous avez un très grand chaudron. Voici une méthode facile : chaque fois que vous terminez une chaudronnée de maïs, versez-la dans un sac d'épicerie en papier (n'utilisez pas de sacs en plastique, la chaleur du maïs le ferait fondre). Assaisonnez le maïs et secouez le sac afin de bien mélanger le tout. Brûlez le sac après usage.

Les essuie-tout. Il est toujours pratique d'en avoir à portée de la main. Joignez à chaque plat préemballé une demi-douzaine d'essuie-tout et vous n'aurez pas à chercher vainement le rouleau lorsqu'il sera temps de faire la vaisselle.

Les casseroles

Vous pourrez facilement vous débrouiller en emportant la moitié des casseroles dont vous croyez avoir besoin. Deux casseroles assez profondes, une cafetière, une poêle à frire, des bols en plastique, des tasses (isolantes) et quelques cuillères suffisent largement au besoin de cinq personnes.

Ne gaspillez pas votre argent en achetant une batterie de cuisine spécialement conçue pour le camping : elle contient de nombreux articles inutiles. Achetez le minimum, vous trouverez aisément le reste à la maison. Bref, vous économiserez du temps, de l'argent et de l'espace, tout en conservant un maximum d'efficacité.

Les fours

Si vous avez envie de faire cuire quelque chose au four, vous pourriez toujours songer au traditionnel four réfléchissant en aluminium, mais il faut avouer que les petits feux de camp et les réchauds compacts sont plus au goût du jour. Pour ma part, je fabrique un four de fortune à l'aide d'un moule tubulaire et d'un couvercle de bonne dimension (voir la figure 5-2). Ce moule à pâtisserie s'adapte à tous les types de réchauds et il cuit les aliments aussi efficacement qu'un vrai four.

COMMENT CUIRE LES ALIMENTS AU FOUR EN UTILISANT UN MOULE À PÂTISSERIE

1. Graissez le moule et déposez-y la préparation à cuire. Pour une cuisson plus rapide, réduisez la quantité d'eau recommandée de 20 %.

2. Amenez votre réchaud à une température normale, puis baissez le feu au minimum, jusqu'à ce que la flamme soit bleue. Placez le trou du moule juste au-dessus du brûleur et mettez le couvercle (il doit être assez haut pour permettre à votre chef-d'œuvre de lever), puis détendez-vous. Le temps de cuisson est le même que dans un four ordinaire.

Figure 5-2

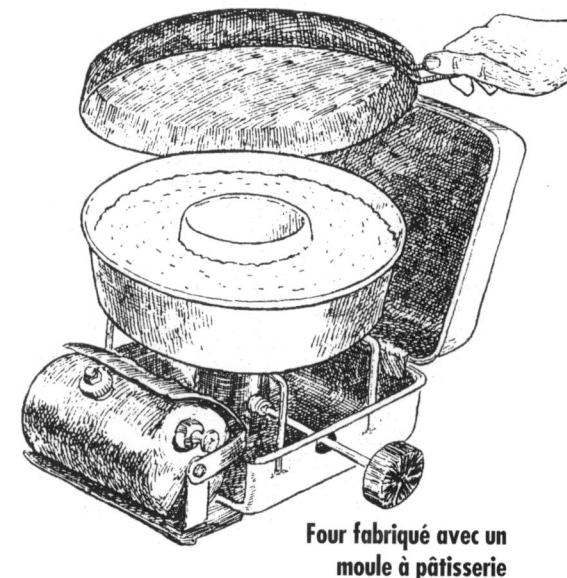

Four fabriqué avec un moule à pâtisserie

Le camping

Astuce. **Les réchauds dotés de gros brûleurs comme le Coleman Peak 1 et les modèles à deux brûleurs sont susceptibles de faire brûler votre préparation en chauffant trop les bords du moule. Une plaque destinée à modérer la chaleur émise par les éléments des cuisinières électriques réglera facilement ce problème. Placez tout simplement cette plaque sous le moule. L'espace ainsi créé entre le moule et la flamme préviendra ce désagrément. Les grandes plaques qui couvrent la largeur du moule sont idéales.**

Vous pouvez aussi essayer la méthode des trois casseroles. Pour ce faire, vous aurez besoin de deux poêlons, d'un couvercle assez haut et d'une demi-douzaine de clous ou de pierres.

1. Dispersez les clous ou les pierres au fond de la poêle à frire du dessous (la plus grande).
2. Placez votre préparation dans la plus petite poêle à frire et déposez-la sur les pierres ou les clous (les deux casseroles doivent être séparées afin d'éviter que le tout brûle).
3. Couvrez et placez votre installation sur le réchaud. Le feu doit être le plus bas possible (la flamme doit être bleue).

Attention : **La poêle du dessous ne doit pas être en aluminium, la chaleur pourrait la percer.**

Les aléas de la cuisine en hiver

Votre corps dépense beaucoup plus d'énergie en hiver qu'en été, aussi ne vous gênez pas pour manger des aliments riches en gras et en glucides (les matières grasses contiennent au moins deux fois plus de glucides que de calories par gramme, or les glucides constituent la principale source d'énergie que le corps peut emmagasiner). Malheureusement, certains aliments gras qui font nos délices durant l'été ne devraient pas être consommés en hiver. Le beurre d'arachide est un bon exemple ; essayez d'en extirper un peu du bocal à 20° au-dessous de zéro et vous comprendrez pourquoi.

Le fromage, un autre aliment riche en matières grasses, est aussi peu recommandable, pour la simple raison qu'il prend un vilain goût de cire lorsque le mercure tombe au-dessous de zéro. Heureusement, le fromage fondu est toujours aussi délicieux.

Le salami et les saucisses de toutes sortes ne perdent pas leur goût par temps froid. Ces charcuteries rehausseront la saveur de vos soupes et de vos plats principaux.

Quelques conseils concernant la préparation. Il est évident que le temps de cuisson est plus long en hiver. Préparez-vous en conséquence. Les plats préparés en sachet se réchauffent à basse température. Plongez le sachet dans de l'eau qui a presque atteint le point d'ébullition et couvrez pendant 10 minutes. Ainsi vous n'aurez pas de casseroles à laver.

Saviez-vous qu'une rafale de vent glacé peut refroidir le contenu d'une casserole en aluminium aussi sûrement et rapidement que votre réchaud l'aura fait chauffer ? Aussi, il vaut mieux couvrir vos casseroles et les mettre à l'abri. Vous pouvez également abriter votre cuisine en l'installant sous le niveau du couvert de neige.

Peut-être pourriez-vous envisager la confection d'une housse isolante pour vos casseroles. Une housse deux pièces (un couvercle en tissu et une large bande de tissu retenue par du velcro pour le bas) offre une meilleure protection que celle d'une seule pièce. Lorsque votre plat est prêt, retirez la casserole du feu, déposez-la sur un petit morceau de matelas mousse et couvrez-la de sa housse. Servez-vous de vos vêtements de rechange si vous n'avez pas eu le temps de confectionner une housse isolante.

Le lavage de la vaisselle. Certains campeurs lavent leur vaisselle avec de la neige (un vrai désastre). Il est préférable de la laver avec de l'eau bouillante (sans savon). Je porte des gants en laine sous mes gants de plastique afin de rendre cette aventure supportable. Les bactéries ne sont pas très féroces par temps froid, aussi est-il inutile de rincer et de sécher la vaisselle. Après tout, un peu de vaisselle graisseuse n'a jamais tué personne. Bien entendu, chaque campeur devrait avoir sa propre vaisselle.

Les assiettes et le reste. Prenez le temps de bien choisir vos tasses et vos assiettes en plastique. La vaisselle qui semble très solide dans le magasin pourrait bien vous lâcher une fois sur le terrain. Étonnamment, la vaisselle en plastique flexible est moins chère et plus résistante que celle en plastique rigide.

Rangez toujours vos ustensiles de cuisine dans une pochette de tissu pour ne pas les perdre dans la neige. Placez vos herbes et vos épices dans des petits sacs en plastique et n'apportez pas de salière.

Les pieds gelés. Lorsque vous cuisinez, vous restez en place pendant de longs moments, aussi est-il important de protéger vos pieds du froid. Un carré de matelas mousse de 45 cm de côté et de 1 cm d'épaisseur fera l'affaire. Il vaut mieux ne pas utiliser votre matelas de sol à cette fin : votre sommeil pourrait en être compromis.

L'éclairage. Les journées d'hiver étant courtes, vous aurez sans doute besoin de lumière artificielle pour cuisiner. La plupart des lampes de poche ne fonctionnent pas au-dessous de zéro et les lanternes à bougie n'éclairent pas suffisamment. Les casques de mineur munis d'une lampe s'avèrent une très bonne solution (ceux qui utilisent quatre piles D). Employez des piles alcalines et gardez-les bien au chaud dans votre parka ; ainsi vous aurez de la lumière pour une bonne semaine.

Comment empêcher les liquides de geler. Les liquides gèlent moins rapidement lorsqu'on les enfouit sous la neige. Tenant compte du fait que c'est la surface en contact avec l'air qui gèle en premier, placez les contenants en polypropylène à l'envers.

De cette façon, la surface gelée se trouvera au fond de la bouteille.

Une bouteille thermos. Une bouteille thermos vous permettra d'économiser plus que son poids en carburant. Lorsque je fais du thé, j'en profite pour la remplir et je n'ai pas à rallumer mon réchaud une autre fois. Lorsqu'un bon feu brûle, je la dépose à proximité pour la garder au chaud. Au coucher, je la place dans mon sac de couchage et j'ai une boisson chaude au réveil.

Les dangers de la cuisine en plein air. Par 12° au-dessous de zéro, lorsque vous portez de gros gants et un parka en duvet, de nombreux gestes de la vie quotidienne, comme régler la température du réchaud ou soulever un couvercle, peuvent devenir fastidieux. L'utilisation d'un réchaud présente certains dangers. Un jour, j'ai brûlé la manche d'un parka en duvet de qualité pour m'être approché trop près du brûleur. Les vêtements pour le froid sont isolants et cette qualité pourrait bien vous empêcher de vous rendre compte, avant qu'il ne soit trop tard, que vos vêtements brûlent. Aussi, soyez extrêmement prudent lorsque vous vous approchez du feu.

La manipulation du combustible (kérosène et naphte) pose aussi certains problèmes par temps froid. Le point de congélation du combustible liquide étant plus bas que celui de l'eau, il vaut mieux ne pas en laisser tomber sur vos mains ; donc, portez des gants.

Les restes. Le problème des restes de nourriture se pose avec moins d'acuité en hiver. Je vide tout simplement mes restes dans un Ziploc et je les apporte avec moi jusqu'à ce que je puisse les brûler. Certains campeurs les déposent sur la neige à l'intention des animaux, pratique qui n'est guère appréciée des autorités en charge des forêts et des parcs nationaux. Ce geste négligent – particulièrement en hiver lorsque la nourriture est rare – est susceptible de transformer un animal ordinairement paisible en une créature menaçante. Les animaux sauvages sont parfaitement capables de se nourrir sans le secours des êtres humains.

Les campeurs expérimentés n'auront probablement pas de mal à s'adapter aux exigences de la cuisine en hiver. Assurez-vous d'avoir une certaine expérience de la cuisine de plein air avant de vous lancer dans cette aventure en hiver.

Les techniques des campeurs chevronnés

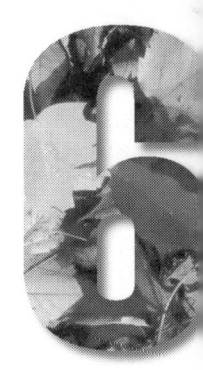

Depuis deux jours, des avertissements de forte tempête ne cessaient d'être répétés à la télévision. Elle venait du sud avec des vents de 65 km/h et apportait avec elle une pluie glaciale. Tous les rapports météorologiques annonçaient qu'elle nous frapperait le samedi. Quoi qu'il en soit, nous refusions d'abandonner nos plans ; après tout, les scouts ont pour règle de « ne jamais annuler un camp ».

À notre arrivée, le ciel était déjà menaçant. Le chef Chic Sheridan et moi avons tout de suite entrepris de dresser un bilan de la situation : nous disposions d'environ une heure pour établir notre camp. Nous nous sommes donc mis promptement au travail.

Nous avions envisagé trois emplacements pour nos tentes. Le premier se trouvait à un mètre de la rivière et on pouvait y loger une bonne demi-douzaine de tentes. Le deuxième, situé sur une grande terrasse un peu plus haut, pouvait en loger quatre. Un peu plus haut encore, une colline peu inclinée offrait de l'espace pour deux ou trois tentes.

Après réflexion, nous avons tout de suite écarté l'idée de nous établir sur la colline, d'autant plus que l'emplacement était déjà occupé par une tente dôme en nylon. Nous aurions quand même pu y installer une ou deux de nos tentes scoutes, mais le premier coup de vent les aurait jetées par terre. La colline n'était pas un bon emplacement.

L'emplacement au bas de la rivière était suffisamment grand pour recevoir notre campement, mais nous avons tout de suite refusé cette possibilité étant donné les risques de crue soudaine des eaux pendant les tempêtes.

« Là-bas, claironna Chic en montrant du doigt la terrasse centrale. Montez vos tentes, les garçons ! » Et la confusion ambiante s'apaisa comme par magie. Chacun semblait soudainement savoir ce qu'il avait à faire. En quelques minutes, toutes les tentes étaient montées et prêtes à affronter les pires intempéries.

Nos tentes de scouts étaient bien peu sophistiquées en comparaison de la tente dôme qui se trouvait sur la colline.

La toile de nos tentes était vieille mais solide ; elles avaient un plancher cousu et deux poteaux à chacune de leurs extrémités, mais nous savions que, montées correctement, elles résisteraient aux bourrasques.

Les garçons installèrent d'abord un tapis de sol en plastique – dont la surface était plus grande que le plancher de la tente – en prenant soin de bien le replier sur les côtés, de sorte qu'il protège le bas des murs de la tente. Ainsi, les garçons qui dormaient le long des murs étaient bien protégés. Ils attachèrent ensuite deux solides haubans (supplémentaires) à chacune des extrémités des poteaux de la tente et les fixèrent au sol de façon qu'ils forment deux triangles (voir la figure 6-1). Chaque tente était fermement amarrée au sol par trois cordes solidement tendues à chacune de ses extrémités. Une boucle

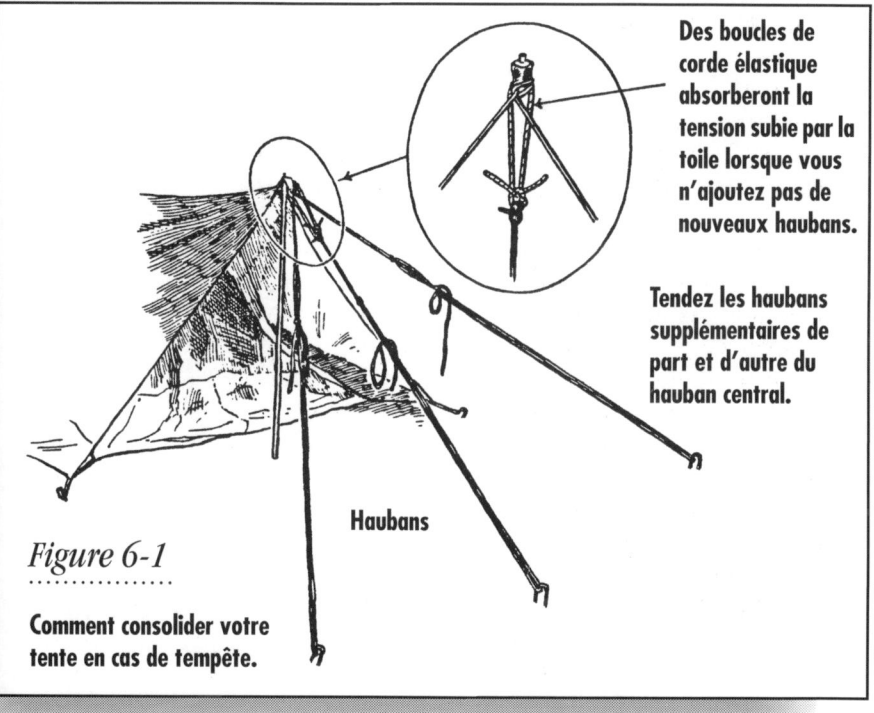

Figure 6-1

Comment consolider votre tente en cas de tempête.

Des boucles de corde élastique absorberont la tension subie par la toile lorsque vous n'ajoutez pas de nouveaux haubans.

Tendez les haubans supplémentaires de part et d'autre du hauban central.

Haubans

de 1 cm de corde élastique était déjà fixée au bout de chaque poteau pour diminuer la tension imprimée aux coutures et à la toile.

Je clamais à la ronde : « Tirez bien les haubans supplémentaires sur les côtés ! Et n'oubliez pas de lester les piquets exposés au vent avec de grosses pierres. » Les plus vieux s'affairaient énergiquement et dirigeaient les plus jeunes qui suivaient les ordres à la lettre. Ceux-ci attachaient avec précaution de la corde à parachute dans les boucles de nylon que nous avions cousues au bas de la tente. Au lieu de trois piquets par côté, nous en avions maintenant cinq. Du haut de la colline, les tentes formaient une gigantesque toile d'araignée. Nous étions en sécurité.

« OK, les garçons, criai-je. Installons un toit en toile pour nous abriter. Formez des équipes de deux et allez-y. »

À ce moment, le vent se leva en bourrasque et fouetta avec force les branches des sapins. On commença par tendre une corde (tendue comme une corde de violon) entre deux arbres. Tandis que deux garçons attachaient la toile aux arbres, deux autres la fixaient au sol à l'aide de piquets. On tira ensuite les deux bouts de la corde à parachute qui bordait un des côtés de la toile. Chacun des bouts fut solidement attaché à une branche (voir la figure 6-2). Ce qui ne

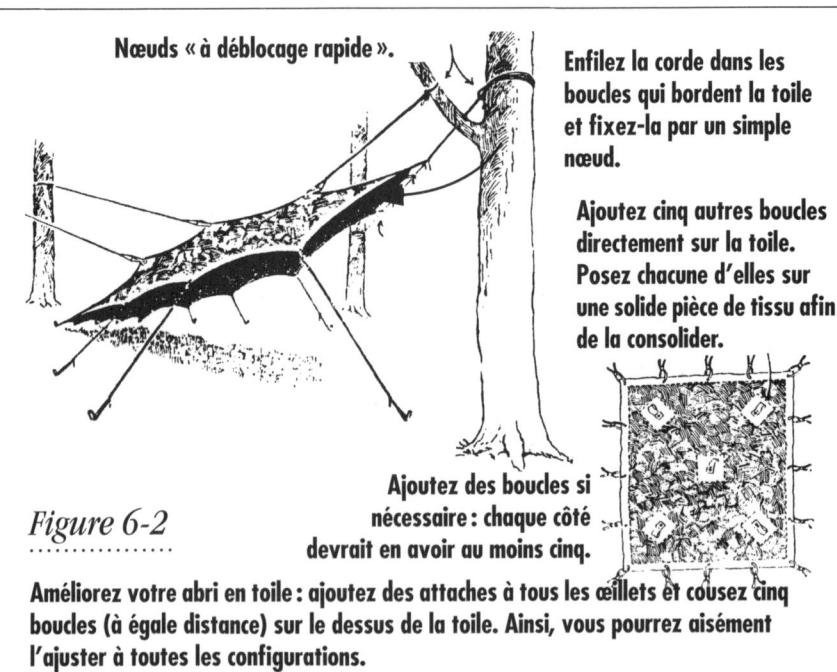

Figure 6-2

Nœuds « à déblocage rapide ».

Enfilez la corde dans les boucles qui bordent la toile et fixez-la par un simple nœud.

Ajoutez cinq autres boucles directement sur la toile. Posez chacune d'elles sur une solide pièce de tissu afin de la consolider.

Ajoutez des boucles si nécessaire : chaque côté devrait en avoir au moins cinq.

Améliorez votre abri en toile : ajoutez des attaches à tous les œillets et cousez cinq boucles (à égale distance) sur le dessus de la toile. Ainsi, vous pourrez aisément l'ajuster à toutes les configurations.

demanda pas plus de trois minutes. Cela fait, nous avons posé le second toit par-dessus, de sorte qu'il tombe sur les côtés (en forme de A). Ne vous inquiétez pas, vous ne manquerez ni de piquets, ni de corde, tout ce dont vous aurez besoin se trouve dans le sac de nylon de chacune des toiles (voir comment installer un abri en toile, à la page 47).

Dix minutes plus tard, alors que nous étions tous réunis sous notre abri, prêts à cuisiner un souper de gourmet, nous nous fichions bien des caprices de dame nature. J'allumai le réchaud, un Optimus 111B, et je fis du café pendant que Chic faisait connaissance avec deux étudiants qui, intrigués par tout ce brouhaha, étaient venus nous rendre visite.

« C'est votre tente dôme là-bas ? demandai-je en pointant le doigt en direction de la colline. » « Ouais », répondit fièrement un des garçons.

« Savez-vous que vous êtes exposés au vent ? » ajoutai-je d'un ton malicieux.

« Il n'y a pas de problème, répondit-il. On a annoncé des vents de 80 km/h ». « J'ose espérer que tout ira bien ; enfin, nous le saurons bientôt. »

Un des garçons se moquait gentiment de nos tentes en toile et laissait entendre que le vent les aurait probablement toutes balayées d'ici au lendemain matin. Je répliquai par un sourire... nous en savions plus que lui.

Dans l'heure qui suivit, la tempête se leva, timidement d'abord, le ciel ne laissa tomber qu'une fine bruine pendant une heure. Mais bientôt, elle s'intensifia : des vents de 65 km/h s'allièrent à une forte pluie.

Je me rappelle m'être éveillé au beau milieu de la nuit et avoir tenu désespérément le poteau arrière en étant persuadé qu'il tomberait. Pourtant le tout est solidement resté en place : c'est bien la preuve que notre installation anti-tempête était efficace.

Nous nous sommes réveillés en pleine scène de désastre. Le sol était jonché de débris et certains arbres avaient été couchés par le vent. Une de nos tentes s'était presque effondrée, mais les garçons y dormaient encore à poings fermés. Mon regard se posa sur la colline. Et la tente dôme ? Elle n'y était plus, pas plus d'ailleurs que ses occupants. Des morceaux de nylon bleu étaient accrochés çà et là aux branches des arbres.

Un regard complice passa entre Chic et moi : nous avions dompté la tempête !

Le camping

RÉVISION DE LA PROCÉDURE EN CAS DE TEMPÊTE

1. Tapissez toujours le fond de votre tente d'une grande toile de plastique. Le plastique contiendra l'eau qui s'infiltre par le plancher ou les coutures de votre tente. Ne la placez pas sous votre tente.
2. Attachez des boucles de corde élastique au bout de tous les haubans. La corde diminuera la tension subie par les coutures et le tissu. Même une tente de piètre qualité peut résister aux tempêtes si ses haubans sont rattachés à de la corde élastique.
3. Cherchez les faiblesses de votre tente afin de les corriger. Renforcez les coutures faibles et ajoutez des piquets.
4. Lorsqu'on annonce des vents forts, ajoutez des haubans à chacun des poteaux de votre tente.

Comment protéger du vent les tentes plus « modernes »

Les nouvelles tentes se tiennent en quelque sorte « debout toutes seules ». Les modèles d'Euréka et de Timberline en sont de bons exemples (la majorité des tentes de type dôme aussi). C'est à la fois bon et mauvais, tout dépend de votre façon de voir les choses.

De toute façon, vous n'avez pas le choix de la fixer avec des piquets et des haubans, sinon elle s'écraserait sous la force du vent. Il est parfois très amusant d'observer les effets d'une forte rafale sur une tente dôme de piètre qualité. Ses murs s'écrasent totalement sous la force du vent, pour reprendre leur forme quelques secondes plus tard. Malheureusement, ses occupants ne s'amusent pas autant.

Les tentes de type dôme sont très confortables (on peut s'y coucher en tous sens), mais la plupart offrent peu d'aération et leur imperméabilité est discutable pendant les fortes pluies. Elles se montent en enfilant les longs montants dans les gaines qui ceinturent la tente. L'opération demande que la tente soit étendue sur le sol, ce qui n'est pas aisé par temps de pluie. Les tentes de type dôme de mauvaise qualité fuient lorsqu'il pleut et s'affaissent par grands vents. Bien qu'un tantinet chères, les tentes de forme géodésique, comme la *Arctic-proven* de *North Face (VE 24-25)*, sont très imperméables et résistent à de très forts vents. Ces tentes sont tout à fait remarquables.

QUELQUES CONSEILS POUR PROTÉGER VOTRE TENTE DÔME, TUNNEL, ETC., DES INTEMPÉRIES.

1. Ajoutez des boucles sur le toit de votre tente, placez-les de sorte qu'elles tombent sur les arêtes de la tente et à mi-chemin entre le haut et le bas de la tente (voir la figure 6-3). Utilisez des matériaux solides. Cousez ensuite une boucle de velcro sur la face interne du toit, mais dans le sens opposé de l'autre boucle. Scellez ensuite les coutures.

J'utilise, pour ma part, l'enduit protecteur de marque Thompson's Water Seal qui est vendu dans toutes les quincailleries. Une seule application à l'aide d'un pinceau à vernir dure des années.

Lorsque le vent se lève, accrochez le velcro à l'armature de la tente et fixez les haubans au sol. Ainsi, l'armature absorbera toutes les tensions (plutôt que le toit). Ne tendez les haubans que du côté du vent.

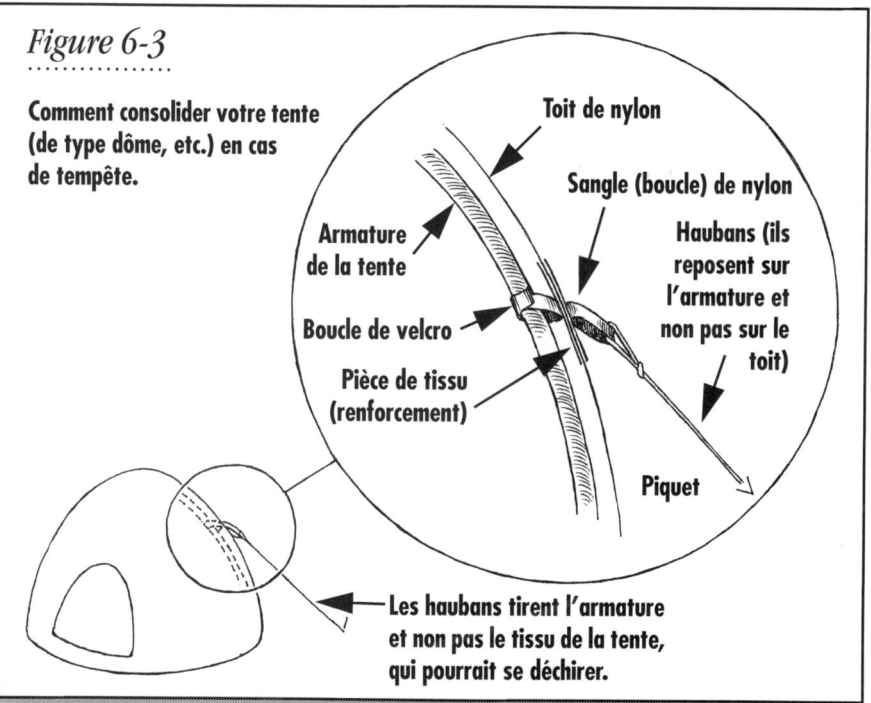

Figure 6-3

Comment consolider votre tente (de type dôme, etc.) en cas de tempête.

Toit de nylon
Sangle (boucle) de nylon
Armature de la tente
Haubans (ils reposent sur l'armature et non pas sur le toit)
Boucle de velcro
Pièce de tissu (renforcement)
Piquet

Les haubans tirent l'armature et non pas le tissu de la tente, qui pourrait se déchirer.

Le camping

2. Lorsque le sol est plutôt tendre, plantez deux piquets côte à côte. Sur du roc, ancrez-les solidement à l'aide de pierres ou de billots de bois (voir la figure 6-4). Plantez vos deux piquets à angles opposés (chacun dans son propre trou) pour plus de stabilité. Pour le roc ou le sable, essayez aussi la méthode illustrée à la figure 6-3.

Conseil. **Avant de partir, attachez un mètre de corde à parachute à toutes les boucles destinées à recevoir les piquets; ainsi vous n'aurez rien à couper ni à attacher si une tempête se déclare soudainement.**

3. Achetez un vestibule pour votre tente (s'il s'en fait pour ce modèle). Il protégera l'entrée des intempéries et, qui plus est, il constitue un bon espace de rangement pour l'équipement.

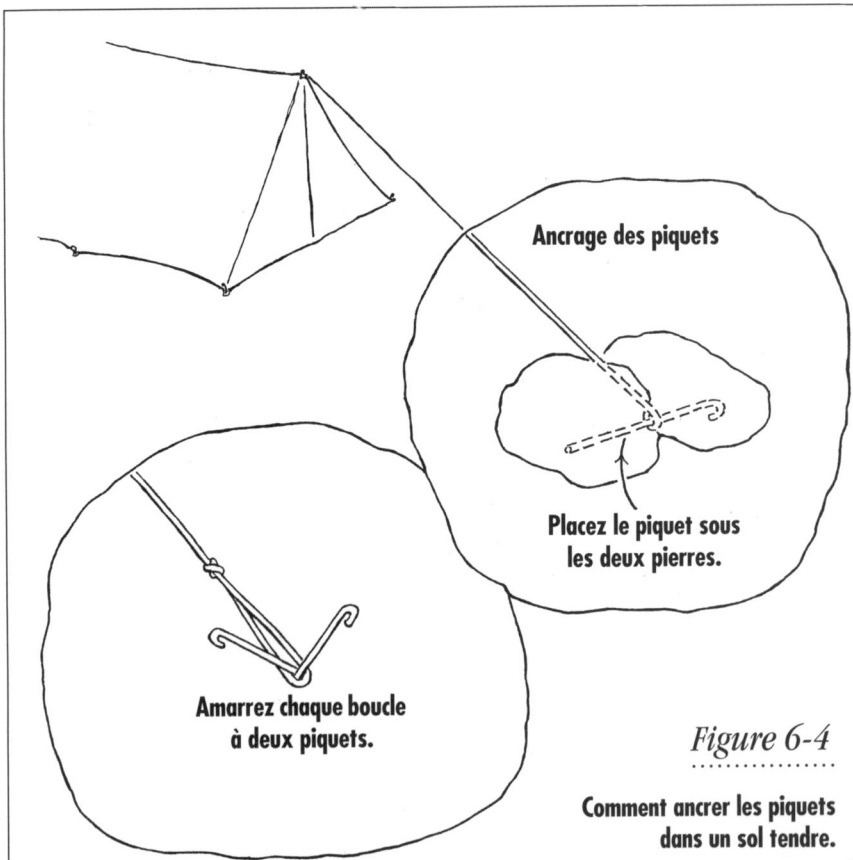

Figure 6-4
Comment ancrer les piquets dans un sol tendre.

4. Je ne me lasserai jamais de répéter qu'il est essentiel d'avoir un tapis de sol en plastique. Utilisez-le comme isolant en le plaçant directement sous votre tente en hiver.

L'installation d'un abri en nylon

Consolider sa tente n'est pas le seul moyen de se garder au sec par temps de pluie. L'autre moyen est d'avoir un abri pour cuisiner et se relaxer tout en restant bien au sec. Une large toile en nylon de 3 mètres sur 4 tendue entre deux arbres procurera un abri à 4 personnes.

POUR DRESSER RAPIDEMENT UN ABRI EN TOILE IMPERMÉABLE QUI NE BATTRA PAS AU VENT, ESSAYEZ DONC LA TECHNIQUE SUIVANTE :

1. Tendez une corde entre deux arbres à une hauteur de 1,80 mètre environ. Utilisez deux demi-clefs à une extrémité de la corde et un nœud de charretier avec une boucle à déblocage rapide à l'autre extrémité de la corde (voir le chapitre 7 pour quelques instructions sur les nœuds).

2. Faites passer une corde le long d'un des bords de la toile. De la sorte, la force du vent sera partagée en plusieurs points le long de l'abri. Avant de fermer les attaches situées aux extrémités de l'abri, enroulez-les plusieurs fois autour de la corde. Cela entraînera une friction qui empêchera la toile de ballotter sur la corde sous l'action du vent.

3. Attachez l'autre extrémité de l'abri à des piquets ; puis, avec de la corde, attachez la partie centrale de l'abri à une branche ou à une autre corde que vous aurez suspendue au-dessus. Si cela est impossible, essayez de surélever un peu la partie centrale de l'abri à partir de l'intérieur, au moyen d'un poteau ou d'un montant. Mais ne tentez ceci que si vous avez déjà cousu, sur la toile, une doublure protectrice à l'endroit où sera appuyé le poteau. Sans doublure, la toile risque de se déformer ou de se déchirer.

S'il arrivait que le poteau central tombe sous l'effet de forts vents, l'abri s'effondrerait. Pour fixer solidement le poteau à l'abri, cousez quatre boucles en croix, les unes en face des autres, comme le montre la figure 6-5. Faites passer de la corde à parachute dans les boucles et resserrez la corde au moyen d'un fermoir. Ainsi votre poteau restera debout par grands vents.

Introduisez le poteau dans la gaine et serrez les cordons à l'aide du fermoir. Les boucles envelopperont le poteau lorsque l'abri sera secoué par le vent. Pour plus de sécurité, enroulez la corde plusieurs fois autour du poteau et nouez-la en faisant une simple boucle.

4. Fixez l'abri au sol au moyen de cordes et de piquets. Assurez-vous de terminer tous les nœuds par des boucles à déblocage rapide, comme il est expliqué au chapitre 7, afin de pouvoir déplacer ou démonter l'abri en quelques instants. Lorsqu'il y a menace de grands vents, vous n'aurez qu'à abaisser l'abri par l'un ou l'autre de ses côtés (ou les deux).

Le transport de l'abri. Rangez votre abri, une quinzaine de mètres de corde à parachute (pré-coupée en sections de 3 mètres) et une demi-douzaine de piquets dans un sac en nylon. Cette simple précaution facilitera considérablement le transport et l'installation de votre abri.

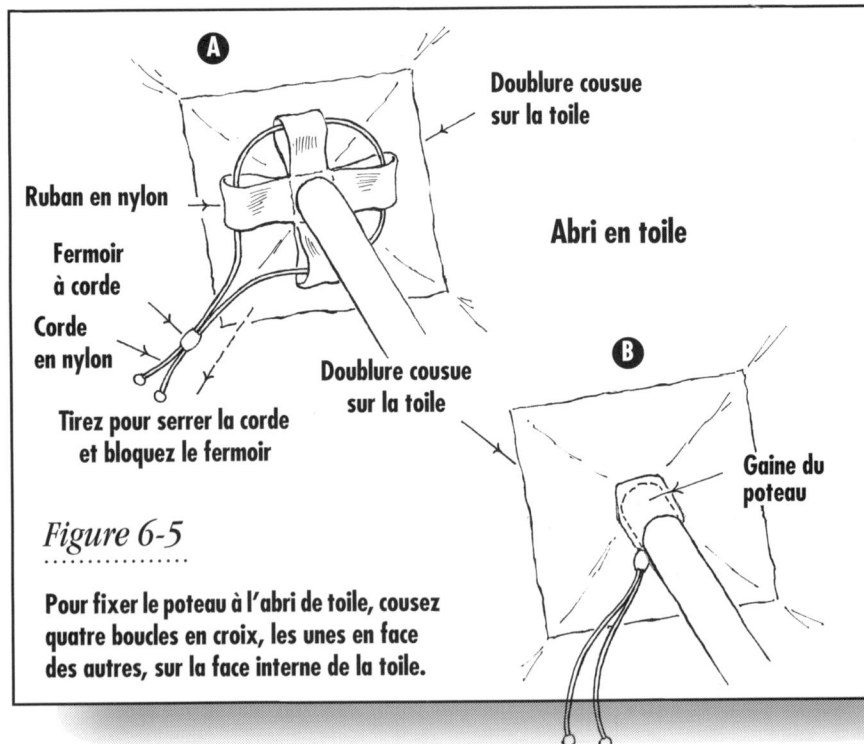

Figure 6-5

Pour fixer le poteau à l'abri de toile, cousez quatre boucles en croix, les unes en face des autres, sur la face interne de la toile.

Si vous êtes nombreux, installez deux abris côte à côte en prenant soin que leurs bords se chevauchent pour éviter les fuites.

S'il arrive que la pluie persiste pendant plusieurs jours, vous aurez intérêt à installer votre abri au-dessus du feu de camp. Mais en faisant cela, assurez-vous de relever d'au moins 30 cm le côté le plus bas de l'abri, afin que le feu reçoive une aération suffisante. Cette opération vous forcera évidemment à replanter plus loin chacun des piquets et à réajuster les cordes attachées aux branches.

Choisir son site

Les livres de camping regorgent de conseils sur la manière de choisir judicieusement un lieu de campement. La plupart de ces conseils sont plutôt inutiles puisque, de nos jours, la majorité des campeurs novices savent comment monter une tente en terrain dénivelé, voire dans une tourbière. D'autant plus qu'il est dorénavant très mal vu (voire illégal) de débroussailler un site en coupant quelques branches et des arbustes ou de creuser des tranchées autour d'une tente. Vous êtes habituellement tenu de prendre ce qui est disponible et de faire avec. Il est vrai que les employés des parcs nationaux ne délimitent pas toujours les sites en fonction de la poésie qu'ils inspirent. Je suis ravi lorsque j'arrive à obtenir un site qui est légèrement en surplomb. Après quoi, je choisis en fonction de ces quelques critères : une pente douce qui fait face au nord, la proximité d'un point d'eau potable, l'écoulement des eaux, l'exposition au vent, la vue, etc.

Néanmoins, il y a un critère auquel j'attache beaucoup d'importance : ne jamais camper au beau milieu d'une prairie ou sur un couvert de mousse. Les prairies sont baignées par de l'air froid et humide. Quant à la mousse, elle est semblable à une grande éponge qui emprisonne l'eau à des kilomètres à la ronde. S'il pleut alors que votre tente est posée sur de la mousse, vous serez trempé jusqu'aux os. Le meilleur tapis de sol ne sera d'aucun secours dans de telles conditions.

Les ours

Il y a deux grandes écoles en ce qui concerne les ours. La première prétend qu'ils sont timides et s'éloignent à la moindre odeur humaine. La seconde les voit plutôt comme des créatures féroces, et c'est pourquoi plusieurs recommandent d'apporter des armes.

La vérité se situe entre ces deux opinions extrêmes. Bien que la plupart soient timides et préfèrent se tenir loin des humains, certains se montrent méchants, tout comme certains êtres humains ! Les ours sont constamment à la recherche de nourriture ; aussi, vous pourrez avoir de gros problèmes si vous passez trop près de leur prise, ou si vous vous trouvez entre une mère et ses rejetons. De récentes recherches effectuées par Stephen Herrero et James Gary Shelton laissent entendre qu'il y a peut-être plus à craindre des ours que l'on serait porté à le croire. Si le sujet vous intéresse, je vous recommande la lecture de : *Bears Attacks, Their Causes and Avoidance*, par Stephen Herrero, Lyons and Burford, 1985 ; *Bear Encounter Survival Guide,* par James Gary Shelton, éd. James Gary Shelton, 1994 ; *Bear Attacks : The Deadly Truth* par James Gary Shelton, 1998. Je vous suggère de lire ces livres dans l'ordre de leur présentation.

Comment mettre la nourriture à l'abri

Ne laissez pas de nourriture dans votre voiture. Les ours sont très habiles, ils savent comment s'y prendre pour cambrioler les voitures. Ils glissent leurs griffes par le moindre interstice des fenêtre ou des portes et n'hésitent pas à tout briser pour atteindre la nourriture.

De nos jours, les toits ouvrants facilitent considérablement la tâche des ours. C'est pourquoi votre voiture n'est pas vraiment le meilleur endroit pour garder de la nourriture.

Utilisez des contenants qui sont à l'épreuve des animaux. Une glacière en plastique ou en métal découragera les écureuils et les ratons. Avec leurs dents très acérées, les écureuils sont capables de déchirer un sac à dos en nylon. Certains contenants sont à l'épreuve des ours, mais ils sont lourds, encombrants et chers. Si vous souhaitez être mis au courant des dernières innovations en la matière, renseignez-vous auprès des responsables des parcs nationaux qui comptent une grande population d'ours.

Ne suspendez pas votre nourriture aux arbres. Les campeurs chevronnés ne font pas cela. Ils rangent leur nourriture dans un sac de plastique bien scellé, afin qu'aucune odeur ne s'en échappe (je suggère de le sceller sous vide), et ils veillent à placer le sac loin de leur campement. Cette simple précaution suffit habituellement à dissuader les ours bruns et les autres animaux. Cependant, les ours sont des créatures d'habitudes et ils savent que les sacs et les boîtes de conserve contiennent de la nourriture. D'autant plus qu'il est rare de trouver, autour d'un emplacement de camping, beaucoup d'arbres qui ont des branches assez hautes pour être hors de la portée des ours. Or, les ours ne sont pas stupides : ils font des rondes quotidiennes afin de vérifier s'il y a de la nourriture suspendue à «leurs» arbres, et lorsqu'ils trouvent quelque chose, ils tentent de le décrocher par tous les moyens. Tous les ours noirs (même les vieilles femelles) peuvent, avec différentes habiletés, grimper aux arbres. Les petits grimpent avec autant d'adresse qu'un singe. Contrairement à ce que l'on avait l'habitude de croire, James Gary Shelton a découvert que les grizzlis grimpaient en s'agrippant et en se propulsant à l'aide de leurs pattes de derrière, tout comme le font les humains. De toute façon, si la mère ne peut atteindre votre nourriture, ses petits, eux, y arriveront ! Les seuls ours incapables de grimper sont les ours polaires.

Conseils. Enveloppez vos aliments – et surtout la viande – dans deux sacs de plastique. Demandez à votre épicier de sceller sous vide les aliments odorants. Posez vos sacs d'aliments sur le sol (cela limite la propagation des odeurs) en veillant à ce qu'ils soient loin des sentiers et du campement. Pour plus de sécurité, espacez chaque sac de 15 mètres ou plus. Et, de grâce, ne suspendez pas vos sacs aux arbres.

Si vous campez dans un endroit où il y a des grizzlis, votre cuisine devrait être à au moins 50 mètres (sous le vent) de votre campement. L'emplacement de votre cuisine devrait être très propre, on ne devrait pas y trouver le moindre grain de riz par terre. Malgré tout, l'odeur humaine est plus forte que celle de la plupart des aliments. Ne soyez donc pas surpris si un ours détecte votre odeur avant celle de votre nourriture.

La rencontre d'un ours

Voici ce qu'il faut faire lorsque vous rencontrez un ours.

Les ours noirs

Les ours noirs sont d'un naturel plutôt timide, aussi se sauveront-ils dès qu'ils sentiront votre odeur. Les ours n'ont pas une très bonne vue ; ainsi on croit souvent à tort qu'ils nous chargent, alors qu'ils ne font que s'approcher par curiosité. Un cri, un sifflement ou tout autre bruit provoquera habituellement la fuite d'un ours noir sauvage ; cependant, un spécimen habitué à la présence humaine ne sera pas perturbé par un peu de boucan. Le mieux est de ne pas bouger, d'étendre les bras (vous paraîtrez plus gros) et de reculer tranquillement en parlant d'un ton autoritaire. Ne courez pas.

Lorsque l'ours grogne en claquant des dents, le danger est proche. S'il lance des «wouf, wouf, wouf» accompagnés de lourds bruits de hoquets et de claquements de dents, la situation empire. L'ours est fou de rage et son comportement est imprévisible. S'il y a un arbre tout près, montez-y au plus vite. Si vous sentez que vous pouvez vous sauver, allez-y. S'il vous attaque, n'hésitez pas et battez-vous. Ne faites pas le mort devant un ours noir.

Les vaporisateurs de poivre contiennent 10 % de capsicine, qui est la substance responsable du goût brûlant des piments. Cette substance est efficace dans 75 % des cas. À ce propos, Herrero nous dit qu'il n'a jamais vu un ours que le poivre avait rendu agressif.

Ne vaporisez pas de poivre autour de votre campement dans l'espoir d'éloigner les ours. Une étude récente nous apprend que même si les ours n'apprécient guère la vaporisation, ils aiment le goût du poivre. Les ours affectionnent la nourriture épicée.

Les grizzlis

Ils sont souvent timorés et se sauveront à votre approche. Cependant, le grizzli règne en maître sur son territoire, aussi est-il peu probable que vous arriviez à vous en sortir en bluffant. Trois grizzlis m'ont chargé lors d'un séjour dans la toundra canadienne. Heureusement, je m'en suis tiré grâce à la méthode très efficace qui suit.

1. N'élevez pas la voix, adoptez un ton qui ne se veut pas menaçant, parlez lentement en reculant. N'établissez pas de contact visuel. Faites sentir à l'ours qu'il s'agit d'une erreur, autrement dit que vous souhaitez simplement battre en retraite.

2. Si l'ours vous poursuit, n'interprétez pas ce comportement comme une charge : vous excitez simplement sa curiosité. N'oubliez pas que les ours ont une très mauvaise vue et que c'est le vent dominant qui lui permet de sentir votre présence.

3. Si l'ours s'approche à moins de 15 mètres, couchez-vous à plat, ventre sur le sol (et le nez plaqué au sol), et protégez fermement votre tête avec vos deux mains. Écartez largement les jambes : ainsi l'ours aura du mal à vous retourner. Notez bien : très récemment encore, on recommandait plutôt de se mettre en position fœtale, les mains derrière la tête.

J'ai essayé cette méthode avec succès. La défense contre les ours n'est pas une science exacte.

Les recherches conduites par Stephen Herrero, auteur de *Bear Attacks*, publié chez Lyons and Burford en 1985, démontrent qu'il vaut mieux se coucher à plat ventre, le nez plaqué au sol. Si l'ours vous mord, essayez de rester passif et silencieux. S'il tente de vous retourner, effectuez un tour complet afin de retrouver votre position initiale. De cette façon, vous avez des chances de survivre à l'attaque.

Les insectes

Tout le monde sait que les produits anti-moustiques et les insecticides sont indispensables en camping. Mais saviez-vous que la couleur de vos vêtements est aussi importante ? Les insectes (plus particulièrement les moustiques) sont attirés par les couleurs sombres et notamment par le bleu marine. Le bleu clair, le jaune, le blanc, le rouge et la plupart des tons de vert ne les excitent pas. En fait, les couleurs pastel ont plutôt tendance à les repousser.

Si vous campez avec des enfants, choisissez un produit doux dont la teneur en DEET (N-N Diéthyl-métatoluamide) n'est pas trop élevée. Les produits très concentrés peuvent brûler la peau délicate des enfants. Tenez ces produits éloignés du plastique : ils font fondre les lunettes, les vêtements en polypropylène ainsi que les manches des couteaux suisse.

Les moustiquaires. Il est essentiel de protéger votre tête des moustiques lorsque vous campez dans le nord des États-Unis ou au Canada. Vous pouvez confectionner une moustiquaire en quelques minutes. Vous n'avez qu'à coudre un rectangle de tissu moustiquaire assez grand pour contenir votre tête (tenez compte du fait que vous porterez un chapeau). Laissez pendre le tissu moustiquaire sur vos épaules.

Les moustiquaires de couleur claire rendent la vision difficile. Si vous ne pouvez en trouver de couleur foncée, noircissez le pourtour des yeux à l'aide d'un marqueur.

Les « vestes » anti-insectes. Le *Shoe-bug jacket* vendu dans la plupart des magasins d'articles de chasse et de pêche offre une protection sans pareille contre les insectes piqueurs. Ce vêtement est fait d'un tissu moustiquaire qui a été plongé dans un bain de DEET pur. Le DEET garde les insectes à l'écart, tandis que les mailles très fines de la moustiquaire les empêchent de vous atteindre. On n'a encore rien fait de plus efficace contre les moustiques. Il existe aussi des vestes (sans insecticide) faites de coton finement tissé. Elles sont aussi efficaces que les précédentes, sauf qu'elles sont plus chaudes.

Quelques conseils supplémentaires

1. Aspergez votre bandana d'insecticide et nouez-le – sans trop le serrer – autour de votre cou. Mettez-en aussi sur votre chapeau.

2. L'aloès (extrait de la plante du même nom et connu depuis des milliers d'années) est un des produits les plus efficaces pour traiter les piqûres d'insectes. L'aloès apaise les inflammations, réduit l'enflure et hydrate la peau. Il soulage les brûlures et possède des propriétés antifongiques et antibactériennes. Pour être vraiment efficace, une lotion doit contenir au moins 80 % d'aloès.

3. Si votre peau est très sensible, le DEET pourrait ne pas lui convenir, essayez plutôt un produit à base de citronnelle. Cette substance chasse très bien les moustiques, mais elle est sans effet sur les « mouches noires ».

4. Les insecticides en crème ou en lotion sont plus puissants, oubliez les vaporisateurs.

5. Mélangez un peu d'ammoniaque à de l'eau pour soulager les démangeaisons. Pour les piqûres d'abeilles, de guêpes ou de frelons, appliquez un petit sachet de sel que vous aurez plongé dans l'eau et laissez-le sécher. Le sel apaisera rapidement la douleur.

La grande moustiquaire « à la Susie »

Imaginez que vous avez appliqué du DEET sur toutes les parties exposées de votre corps. Malheureusement, il y a de plus en plus d'insectes et vous revêtez votre combinaison anti-moustiques : une moustiquaire pour la tête et une veste. Mais rien n'y fait et vous vous retirez dans votre tente en pestant contre ce mauvais sort. Pendant ce temps, vos amis, qui sont juste à côté, dégustent tranquillement un cognac en contemplant le coucher du soleil, à l'abri sous leur grande moustiquaire à la Susie, une moustiquaire spécialement conçue par ma femme, Sue Harings.

Les matériaux requis : il vous faudra du tissu moustiquaire de 1,5 à 1,8 mètre de large et de 2,5 m de long ainsi que suffisamment de corde élastique de 0,3 cm de diamètre pour en border l'ourlet. N'utilisez pas de moustiquaire dont le grillage est très serré, vous seriez incapable de voir au travers.

La fabrication : pliez le tissu dans le sens de la longueur afin d'obtenir un rectangle de 1,8 m sur 2,5 m. Cousez ensemble le tissu dans le sens de la longueur, faites un ourlet au bas et passez-y la corde élastique. Ce filet pèse moins d'une livre et, une fois bien compacté, il n'est pas plus gros qu'un ballon de football.

LES QUELQUES USAGES DE LA MOUSTIQUAIRE À LA SUSIE.

1. Mangez à l'intérieur, il y a de la place pour deux personnes.
2. Installez-vous dedans et dormez à la belle étoile. La moustiquaire vous couvre des pieds à la tête. Resserrez bien la corde au bas de votre sac de couchage.
3. Utilisez-la en guise de « maison » portative lorsque les insectes sont particulièrement virulents.
4. Portez-la pour vous laver ! Vous prendrez des allures de fantôme qui hante les rives, ainsi armé de votre moustiquaire à la Susie. Portez votre gilet de sauvetage et vous flotterez aisément à l'intérieur de votre armure anti-moustiques.
5. Utilisez-la pour couvrir le pain, le fromage et la viande.
6. Montez-la sur un trépied et vous aurez à votre disposition un petit tipi vous permettant de faire la vaisselle, de cuisiner ou d'exécuter des réparations.

Roulez et rangez votre moustiquaire directement sous le rabat de votre sac afin de l'avoir toujours sous la main.

Le respect de l'environnement

Les restes d'aliments devraient être placés dans des sacs de plastique en attendant que vous puissiez les jeter dans un endroit approprié. Si vous ne pouvez pas faire autrement, brûlez-les. Même les restes très liquides se brûlent, à condition de les mettre au feu par petites doses.

Assurez-vous que tous les déchets sont complètement brûlés. Ne mettez pas de papier d'aluminium dans le feu. Aplatissez les boîtes de conserve avec le dos de votre hachette et emportez-les avec vous.

Ne jetez pas les viscères des poissons à la rivière : ils favorisent le développement de bactéries, ce qui réduit l'oxygénation de l'eau. Enterrez-les plutôt à 10 ou 20 cm de profondeur et aussi loin que possible de votre campement. À cette profondeur, ils se décomposeront rapidement et les animaux pourront difficilement les déterrer. Si le sol ne vous permet pas de creuser aussi profondément, recouvrez le trou d'une grosse pierre ou d'une bûche.

Les déjections humaines devraient aussi être enterrées à 20 cm de profondeur (un tube d'aluminium dont un des bouts a été aplati fait une bonne petite pelle). Le papier et les serviettes hygiéniques doivent être brûlés, étant donné qu'il faut au moins un an pour que ces produits se dégradent.

De grâce, ne jetez pas de nourriture dans les toilettes (chimiques ou pas) des parcs. Les ours sont capables d'arracher les toilettes pour se procurer de la nourriture. Je ne vous parlerai pas du dégât qui en résulte !

Lavez votre vaisselle à au moins 30 m des sources d'eau potable. Versez ensuite l'eau de vaisselle dans un petit trou pratiqué dans le sol et recouvrez-le de plusieurs centimètres de terre. Il va sans dire que vous ne devez pas vous laver avec du savon dans les cours d'eau.

L'approvisionnement en eau

Si vous faites le moindrement attention à votre santé, vous ne boirez que de l'eau qui provient d'une source sûre. Vous avez le choix : ou vous la traitez ou vous en apportez.

Je dois avouer que je suis un peu paresseux en cette matière. Je déteste aussi le goût de l'eau qui a été traitée chimiquement et les procédés de filtration m'embêtent au plus haut point. L'eau pèse près de 1 kg par litre, c'est pourquoi je transporte rarement plus qu'une gourde pleine.

Je puise habituellement mon eau potable dans les lacs ou les rivières. Je fait cependant preuve d'une grande prudence. Voici les règles que je suis religieusement :

1. Puisez votre eau très loin des rives. S'il y a des bêtes ou d'autres campeurs dans le secteur, remontez le courant pour puiser votre eau plus loin. Éloignez-vous d'au moins 30 m des rives pour la puiser dans un lac (le plus loin possible sera le mieux).

2. Les organismes voués à la décomposition (champignons, protozoaires et bactéries) se tiennent en eaux peu profondes. Aussi, la qualité de votre eau augmentera en fonction de la profondeur à laquelle vous l'aurez puisée.

3. Évitez l'eau qui a une couleur verdâtre. Cette eau contient des algues et probablement de nombreux micro-organismes.

4. Évitez les eaux stagnantes. Elles sont de véritables couvoirs à micro-organismes.

5. Ne buvez pas d'eau qui se trouve sur le chemin d'une papetière. Puisez votre eau en amont de l'usine.

6. Ne puisez pas votre eau à proximité d'un barrage ou d'une habitation de castors. Les castors sont les hôtes favoris d'un petit protozoaire, appelé *Giardia Lamblia*, qui pourrait vous rendre très malade. Il provoque de la diarrhée, des crampes, des gaz, des nausées et des vomissements. Le temps d'incubation de la maladie est généralement d'une ou deux semaines, mais il est de deux mois dans certains cas. Sans traitement adéquat, la maladie peut durer des années. Il s'agit en somme d'une maladie difficile à diagnostiquer.

Le traitement de l'eau

Bouillir. La chaleur de l'eau qui bout à gros bouillons parvient à tuer la plupart des organismes. Sauf si vous êtes dans une région à risque ou en altitude, une seule minute suffira ordinairement à faire le travail.

Les filtres. Les filtres à eau vendus dans les magasins de camping produisent une eau de bonne qualité. Attention : tous ne sont pas en mesure de filtrer le *Giardia*.

Les produits chimiques. La plupart des pharmacies et des magasins d'articles de camping vendent des comprimés chlorés ou iodés pour traiter l'eau. En général, l'iode est plus efficace que le chlore, et spécialement en ce qui concerne le *Giardia*. Les deux substances sont aussi efficaces l'une que l'autre dans l'eau froide ou trouble.

Quoi qu'il en soit, faire bouillir son eau reste la méthode la plus sûre.

L'art de faire les nœuds

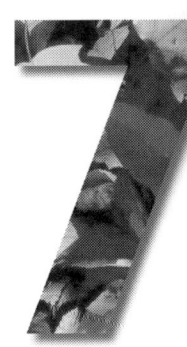

A vec suffisamment de corde – et de temps – n'importe qui peut ériger un campement tout à fait confortable. Et avec un couteau, n'importe qui sera en mesure d'en démonter un rapidement. Toutefois, seuls un très petit nombre de campeurs ou d'amateurs de plein air chevronnés savent façonner les divers nœuds qui sont appropriés à des tâches bien précises – et les défaire en un tournemain le lendemain matin, quand il a plu toute la nuit. Baladez-vous le long des allées d'un terrain de camping boisé, à la fin d'une saison, et amusez-vous à compter les bouts de corde qui pendent encore désespérément aux arbres et aux arbustes. Vous comprendrez alors toute l'importance de l'art de faire des nœuds.

Les guides ou manuels consacrés aux activités de plein air citent d'habitude une douzaine de types de nœuds, dont la plupart sont plutôt inutiles en forêt. En vérité, vous n'aurez besoin de connaître que quatre ou cinq nœuds. Si vous apprenez bien ceux-là, vous vous sentirez à l'aise dans n'importe quelle situation, et même celles qui font appel à des habiletés de secourisme.

Les vieux de la vieille remarqueront sans doute l'évidente omission du nœud plat ou du nœud de bosse. C'est qu'à l'exception de quelques applications relatives aux premiers soins, le nœud plat est parfaitement inutile. Quant au célèbre nœud de bosse, qui était si pratique à l'époque des tentes en coton et des cordes de chanvre, il a depuis été remplacé par le nœud de charretier, beaucoup plus robuste et polyvalent.

La demi-clef double

La demi-clef double (voir la figure 7-1) est très utile pour attacher une corde à un arbre, lorsqu'on a par exemple à tendre une corde à linge ou une toile au-dessus d'une tente. Il s'agit d'un nœud très sûr qui a tendance à se resserrer lorsqu'il soutient une masse. Pour défaire ce nœud rapidement, terminez-le avec une boucle à déblocage rapide, comme le montre la figure 7-6.

Le nœud d'écoute

Employez le nœud d'écoute pour attacher deux cordes ensemble. Il s'agit d'un nœud efficace même lorsque les cordes à relier sont de dimensions différentes. Le nœud d'écoute est probablement le seul qui permette d'attacher efficacement les extrémités plutôt glissantes d'une corde en polypropylène.

Un de mes amis gagna cinq dollars un jour grâce à ce nœud lorsqu'il rafistola le câble de remorque d'un bateau de ski nautique. Quand le câble s'était cassé, le propriétaire du bateau avait parié avec mon ami que celui-ci ne parviendrait pas à nouer assez solidement ensemble les deux extrémités glissantes de la corde en polypropylène. Ce fut un jeu d'enfant. Mon ami remporta le pari et il passa le restant de la journée à skier en se servant de la corde réparée.

Il est important que les deux extrémités libres du nœud d'écoute se trouvent du même côté de la corde, comme on le voit à la figure 7-2. Si ces extrémités libres ne sont pas du même côté, le nœud pourra fonctionner mais il sera moins solide.

Le nœud de chaise

Voici un nœud tout à fait sûr qui saura soutenir n'importe quelle masse. Le nœud de chaise est le nœud le plus important pour les alpinistes. Utilisez-le pour former une boucle fixe au bout d'une corde ou autour de votre taille.

Lorsqu'on enseigne le nœud de chaise aux débutants, on fait appel souvent à la métaphore du « terrier de lapin » (*rabbit hole*, en anglais). Il faut d'abord former une boucle. Puis on fait remonter « le lapin » (c'est ainsi qu'on désigne l'extrémité libre de la corde) par en dessous et vers l'extrémité du trou, en lui faisant faire « le tour de l'arbre » (il s'agit de la partie la plus longue de la corde, illustrée à la figure 7-3) avant de le faire redescendre dans le trou. Comme le nœud glissera sur quelques centimètres avant de se resserrer, assurez-vous que l'extrémité libre de la corde est très longue.

Le nœud de charretier

Ce nœud ingénieux fonctionne comme un treuil, avec une efficacité mécanique d'un rapport 2 : 1. Employez-le pour fixer les

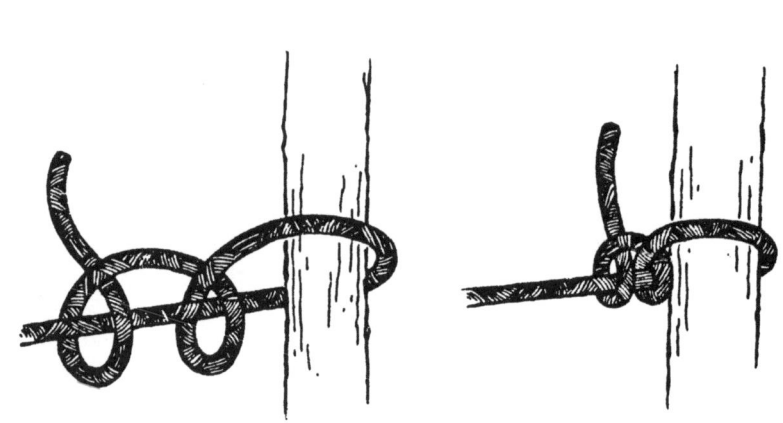

Figure 7-1
....
Demi-clef double

Figure 7-2
....
Nœud d'écoute

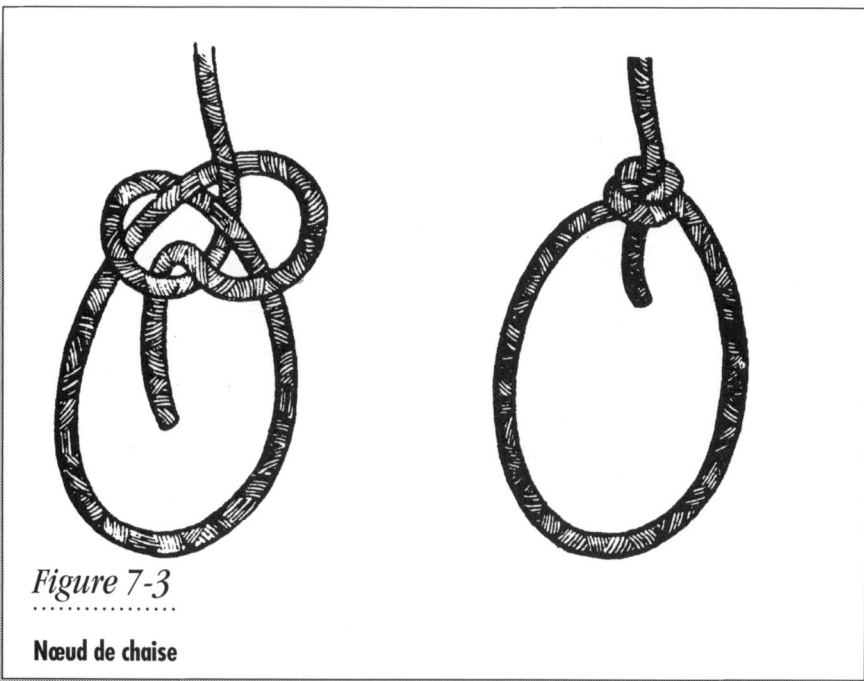

Figure 7-3

Nœud de chaise

cordes d'une tente à un arbre ou à un piquet (voir la figure 7-5), ou encore pour installer une corde à linge ultra tendue sur votre site de campement. Le nœud de charretier est le nœud tout désigné lorsqu'il faut attacher solidement une chose à une autre. On peut s'en servir pour transporter un canoë sur le toit d'une voiture, pour arrimer des meubles à la benne d'un pick-up ou encore pour attacher une tente ou un sac de couchage à l'armature d'un sac à dos.

Commencez le nœud de charretier en formant la boucle illustrée sur la figure 7-4, à l'étape 1. Puis, faites passer une seconde boucle dans la première, comme on le voit à l'étape 2. Cette deuxième boucle devra être formée exactement comme sur l'illustration ; elle paraîtra réussie si elle est formée à l'envers, mais le nœud ne sera pas efficace.

Si la boucle est formée comme il est illustré à l'étape 2, on pourra la défaire en tirant légèrement sur la corde. Vous aurez intérêt d'ailleurs à procéder ainsi. Plusieurs personnes font un nœud dans la boucle, mais celle-ci devient presque impossible à défaire une fois qu'elle a été soumise à une masse.

Le camping

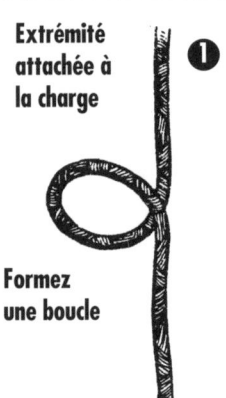

Extrémité attachée à la charge

Formez une boucle

Extrémité attachée au pare-chocs de la voiture

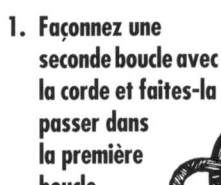

1. Façonnez une seconde boucle avec la corde et faites-la passer dans la première boucle.

2. Serrez la boucle, puis faites-y passer l'extrémité libre de la corde.

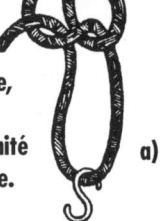

a)

Attaches à fixer au-dessous du pare-chocs.

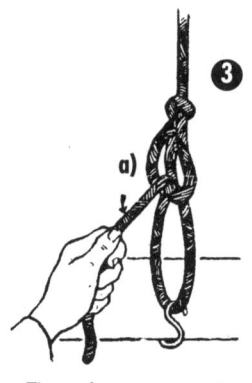

a)

Tirez vigoureusement sur l'extrémité de la corde.

Pare-chocs de la voiture.

Demi-clef avec boucle à déblocage rapide.

Figure 7-4

Nœud de charretier

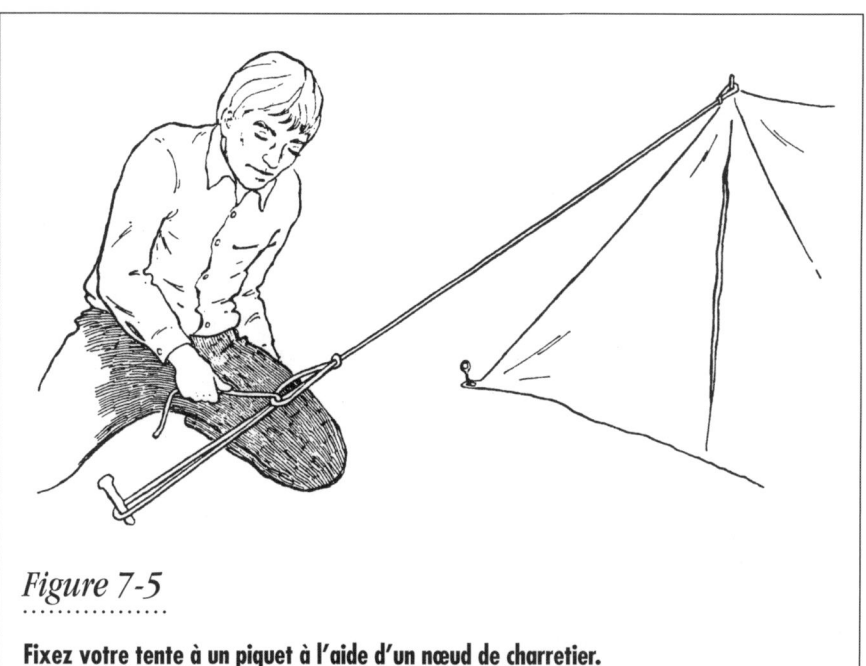

Figure 7-5

Fixez votre tente à un piquet à l'aide d'un nœud de charretier.

Si vous arrimez un chargement au toit d'une voiture, attachez l'une des extrémités de la corde au chargement et reliez l'autre au pare-chocs de la voiture au moyen d'un crochet en acier. Si vous disposez d'un porte-bagages sur le toit de la voiture, faites passer la corde d'un côté à l'autre du porte-bagages en effectuant deux demi-clefs sur un côté et un nœud de charretier sur l'autre. Faites passer l'extrémité libre de la corde (a) dans la boucle du nœud de charretier (étape 2) et appliquez de la force sur cette extrémité libre. En procédant de la sorte, vous créerez un effet de poulie doté d'un coefficient de force de 2 : 1.

Finissez le nœud en effectuant une demi-clef double sur le long de la corde, ou encore employez une boucle à déblocage rapide comme il est illustré sur la figure 7-4.

La boucle à déblocage rapide

Je ne connais rien de plus frustrant que d'avoir à défaire des bouquets de nœuds bien serrés, au petit matin, lorsqu'il est temps de

Le camping

lever le camp. Si vous prenez l'habitude de terminer vos nœuds par des boucles à déblocage rapide, comme on le voit sur la figure 7-4 à l'étape 5, vous n'aurez qu'à tirer légèrement sur un bout de corde pour défaire chacun de vos nœuds.

Pour former une boucle à déblocage rapide, il suffit de faire passer l'extrémité libre de la corde à l'intérieur du nœud effectué, en formant une boucle, comme on le fait lorsqu'on attache ses chaussures.

Pour bien fermer les sacs ou les housses dont vous vous servez pour transporter votre sac de couchage et vos effets personnels, terminez un simple nœud croisé par une boucle à déblocage rapide (voir la figure 7-6). Les attaches en plastique servant de fermoirs que l'on trouve sur le marché ne peuvent servir qu'aux personnes ne sachant pas nouer une boucle à déblocage rapide.

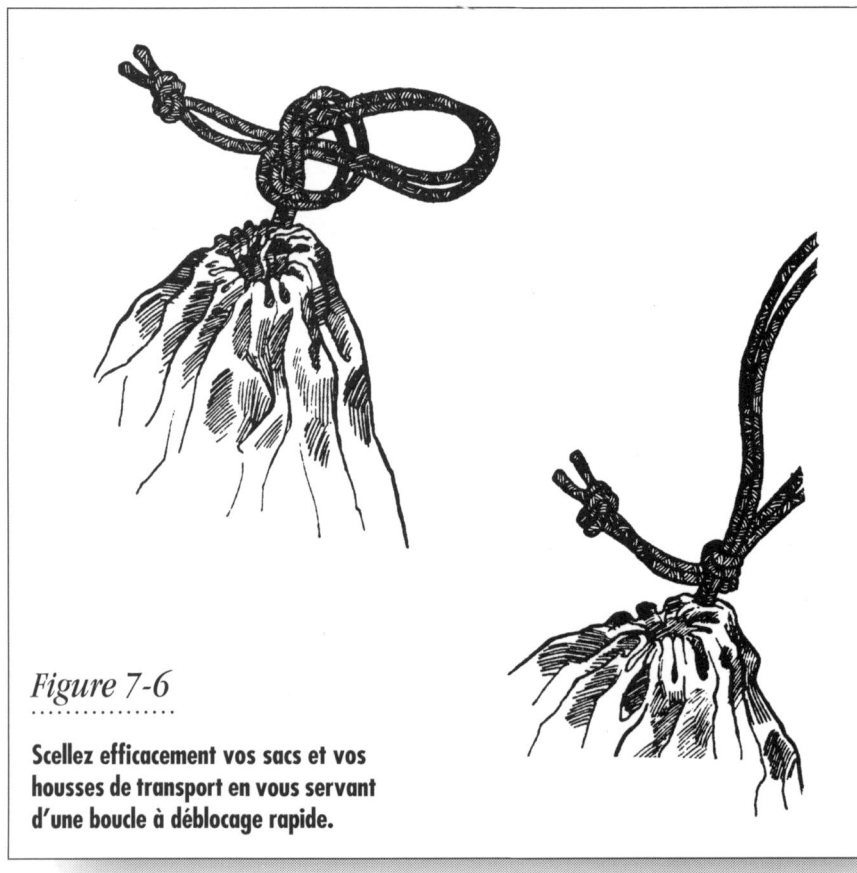

Figure 7-6

Scellez efficacement vos sacs et vos housses de transport en vous servant d'une boucle à déblocage rapide.

Les dangers

Il nous est tous arrivé un jour d'entendre l'une ou l'autre de ces sinistres histoires de campeurs perdus dans la forêt, frappés par la foudre, écrasés sous un arbre ou encore morts noyés. Les gens qui ne font jamais de camping réagissent avec horreur à ce genre de récit et ils se mettent d'accord d'habitude pour dire que la nature à l'état sauvage est un endroit bien dangereux. Mais les campeurs expérimentés, eux, tiennent un autre discours. En fait, la plupart des mordus de plein air ont parcouru la brousse pendant des années sans jamais avoir subi un accident sérieux. Bien sûr, il y a de temps à autre un défi à surmonter, mais les situations qui mettent la vie en péril sont très rares. Les campeurs compétents respectent la nature et ils ont des plans d'attaque éprouvés pour échapper aux dangers qu'elle peut présenter. Ces gens ont aussi développé des habiletés qui leur permettent de mettre ces plans à exécution.

Voici le secret d'une expédition à l'épreuve du danger : développez les habiletés qui vous permettront de mettre votre plan d'attaque à exécution.

Voici quelques préoccupations relatives au camping.

En cas d'entorse à la cheville

Je me suis débrouillé pendant des années avec du sparadrap et une bande Velpeau. Puis, un jour, mon médecin m'a donné une légère attelle, ce qui est beaucoup plus efficace. J'ai remarqué qu'une personne ayant subi une entorse peut se remettre à marcher avec confiance en quelques minutes si elle stabilise sa cheville au moyen d'une attelle. Emportez-en donc une si vous vous rendez en terrain inconnu.

Un corps étranger dans l'œil

Il y a quelques années, alors que je donnais un cours de canoë, une de mes élèves se blessa à l'œil quand son canoë chavira : du sable s'était infiltré entre ses lentilles cornéennes et ses yeux, ce qui lui causait une douleur insupportable. Voici de quelle façon je l'ai traitée : délicatement, j'ai soulevé ses paupières et j'ai nettoyé ses yeux avec une quantité généreuse d'un produit appelé *Eye Stream*, une solution stérile pour les yeux. Ensuite, j'ai appliqué du *Polysporin* à l'intérieur de ses paupières inférieures et j'ai immobilisé ses yeux au moyen de pansements ovales et de ruban en micromousse. Enfin je lui ai fait prendre un analgésique.

La douleur, m'avait dit cette femme, avait cessé peu après l'application d'onguent sur ses yeux. Et le lendemain, elle m'avait téléphoné pour me dire que son médecin était à ce point satisfait du traitement qu'il s'était contenté d'appliquer encore de l'onguent et de changer les pansements. Évidemment, j'étais très heureux d'avoir procédé judicieusement.

De tous les médicaments que je garde dans ma trousse, ce sont le *Polysporin* et ces pansements ovales pour les yeux qui m'ont le plus servi. Je les ai employés à maintes reprises pour traiter des infections aux yeux ou des égratignures à la cornée.

Conseil: **les pansements ovales pour les yeux sont très utiles aussi pour panser les ampoules.**

L'hypothermie : elle peut tuer les gens mal préparés

La journée a pu commencer sous un chaud et brillant soleil. Mais à midi des nuages d'un gris plombé sont apparus çà et là sur l'horizon. Puis, à peine une heure plus tard, le ciel s'est mis à crachoter une bruine glaciale. Soucieux, vous regardez le firmament en souhaitant que ce temps désagréable passera bientôt. Mais il ne passe pas et la pluie continue de tomber. Aussi vous ajustez le capuchon de votre anorak, qui n'est plus neuf, en espérant échapper à ce temps froid et inconfortable qui déjà a trempé vos jeans et votre T-shirt en coton. Bientôt vous vous mettez à grelotter, légèrement d'abord, irrésistiblement ensuite. À la fin, vous avez du mal à parler et vous perdez le sens de l'orientation : vous avez du mal à distinguer le haut du bas, la gauche de la droite. Comme assommé, vous zigzaguez le long du sentier boueux, puis vous tombez à genoux et vous avancez à tâtons.

Une heure plus tard, vous vous écroulez complètement. Tout à coup vous perdez le sens du toucher et vous n'avez plus conscience de ce qui se passe autour de vous. Les grelottements s'interrompent et vos muscles se raidissent ; votre peau, qui était tendre et rose, devient blanche et boursouflée. À ce moment-là, vous êtes vraiment en danger. Sans aide, vous dériverez davantage vers l'inconscience et l'ultime conséquence : la mort.

Heureusement, vous êtes accompagné d'amis responsables et bien informés. En quelques minutes, ils ont monté une tente et ils y ont installé des matelas de sol et des sacs de couchage. Puis votre corps inanimé est complètement dévêtu et précipité dans un sac de couchage où il est coincé – peau à peau – entre deux de vos amis. Ceux-ci sortent d'autres couvertures et des parkas de leurs sacs pour vous blottir encore davantage. Et à côté, quelqu'un d'autre se démène au-dessus d'un réchaud pour vous préparer en vitesse de la soupe chaude.

Votre condition reste la même pendant plusieurs minutes, mais à la fin votre corps glacé se réchauffe et vous parvenez à vous asseoir et à tenir un discours sensé. Maintenant que vous êtes capable d'avaler, vos amis vous donnent de petites gorgées de bouillon chaud et ils vous remontent tranquillement le moral.

Mais vous êtes très fortuné. Sans une assistance aussi rapide et bien dirigée, vous seriez sans doute mort !

L'hypothermie est une baisse radicale de la température du corps qui survient soit lorsque le corps est plongé dans l'eau (hypothermie par immersion), soit à la suite d'un refroidissement lent, et c'est le cas de la situation décrite ci-dessus.

L'hypothermie survient lorsque la température corporelle descend au-dessous de 35 °C. C'est le sang qui, en s'acheminant vers les organes vitaux, répand le froid partout dans le corps. La maladresse, des troubles d'articulation de la voix et la perte de jugement sont des effets de cette condition. Aussi le coma et la mort peuvent-ils survenir après quelques heures si le température du corps n'est pas stabilisée.

La plupart des victimes d'hypothermie ne se rendent pas compte de ce qui leur arrive et, en général, elles maintiendront jusqu'au dernier instant « qu'elles sont bien, qu'il n'y a pas de problème ». C'est donc aux autres membres du groupe qu'il revient d'être sensibles aux symptômes et d'agir en conséquence.

Pour traiter l'hypothermie, il faut dévêtir la personne atteinte et la coucher dans un sac de couchage entre deux autres personnes, comme je l'ai décrit dans l'exemple ci-dessus. On peut se servir de la chaleur radiante d'un feu de camp pour accélérer le processus de réchauffement. Et dans un contexte de terrain, il s'agit là sans doute du

Le camping

moyen le plus efficace pour réchauffer une personne atteinte d'hypothermie. Il faut toutefois être prudent : une chaleur trop intense peut brûler la peau devenue très sensible de la victime.

Par ailleurs, l'hypothermie étant une expérience épuisante à la fois physiquement et émotionnellement, les personnes l'ayant subie devraient bénéficier d'une journée complète de repos.

La meilleure protection contre l'hypothermie reste sans doute la prévention. Choisissez des vêtements de pluie auxquels vous pourrez vous fier et optez pour des vêtements qui resteront bien isolants lorsqu'ils seront mouillés. En pareille occasion, on recourt traditionnellement à la laine, mais le polypropylène et les fibres de poil sont tout aussi efficaces. Et comme le coton, lorsqu'il est mouillé, éloigne carrément la chaleur de la peau, c'est un textile qu'il vaut mieux éviter quand les conditions météorologiques sont incertaines. Et ainsi que je l'ai déjà mentionné, les blue-jeans sont le pire type de vêtement à porter pour une expédition dans la nature.

Enfin, ne cessez pas de vous approvisionner en énergie lorsque vous marchez. En grignotant constamment des friandises, des noix, du muesli, vous vous assurerez de maintenir la température de votre « fournaise » élevée. Si vous vous mouillez, arrêtez-vous immédiatement et changez de vêtements. Plusieurs personnes sont mortes d'hypothermie parce qu'elles ne démordaient pas de cette croyance qu'il faut garder son linge sec pour la halte au lieu de campement.

La foudre

Vous réduirez considérablement vos risques d'être frappé par la foudre si vous suivez les consignes suivantes :

1. La foudre frappera généralement l'objet le plus élevé qu'elle rencontrera. Si vous montez votre tente dans un endroit dégagé, assurez-vous de la présence d'arbres ou de pics rocheux considérablement plus hauts que votre tente non loin d'où vous êtes.

2. Les arbres ou les rochers en question fournissent une protection dans un angle de 45 degrés. Demeurez à l'intérieur de ce cône de protection, mais restez assez loin de sa source pour que la foudre ne saute pas de cet endroit jusqu'à vous. Du tronc d'un arbre qu'elle a frappé, la foudre peut sauter 4 ou 5 mètres plus loin. Ainsi, ne vous tenez pas trop près des plus grands arbres (voir la figure 8.1).

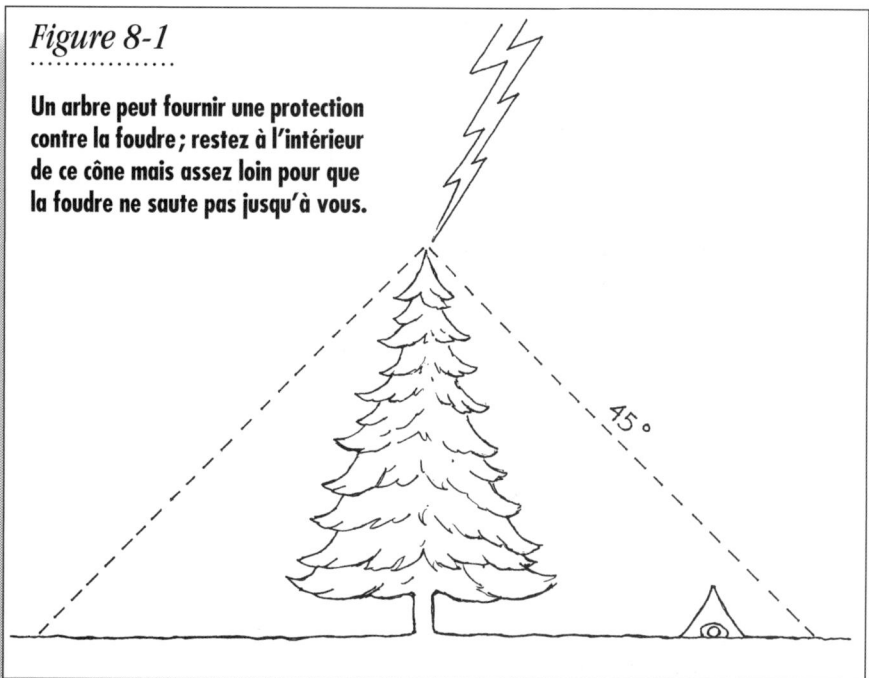

Figure 8-1

Un arbre peut fournir une protection contre la foudre ; restez à l'intérieur de ce cône mais assez loin pour que la foudre ne saute pas jusqu'à vous.

3. La foudre peut courir le long des racines des arbres, qui peuvent s'étendre plusieurs mètres plus loin. Si les racines d'un arbre se situent à proximité de la surface du sol (dans les endroits rocailleux par exemple, où il y a moins de terre pour les recouvrir), sachez que l'énergie de la foudre peut voyager assez efficacement le long de ces racines souterraines pour mettre en danger une personne qui se trouverait en contact avec le sol au-dessus d'elles. Rappelez-vous cela en montant votre tente.

4. Si vous vous trouvez à l'extérieur du cône de protection et que vous sentez soudain la présence d'énergie électrique autour de vous (des cheveux secs, par exemple, se hérisseront), baissez-vous immédiatement le plus possible afin de réduire le potentiel attractif de votre corps.

5. Si vous vous trouvez dans une tente et que vous vous apercevez que la foudre a frappé non loin de là, redressez-vous immédiatement et ramenez vos jambes contre votre corps de manière que seuls vos pieds et vos fesses touchent le sol.

De plus, un matelas de sol en mousse (de préférence doublé) peut fournir suffisamment d'isolation pour empêcher que le sol ne vous transmette du courant.

Pendant un orage, il est fortement recommandé que vous conserviez cette position « assise ». Si jamais la foudre vous atteignait dans cette position, ce qui est improbable, seuls vos pieds et vos fesses pourraient être brûlés. Par contre, si vous vous trouvez couché à plat sur le sol, la décharge électrique pourrait bien faire arrêter votre cœur !

Après la foudre!

La foudre tue généralement en interrompant les fonctions cardiaques de sa victime. Elle peut aussi paralyser le système respiratoire. Si jamais vous vous trouvez près de quelqu'un qui est encore en vie après avoir été foudroyé, il souffrira probablement de brûlures mineures dont vous pourrez vous occuper plus tard. Vous devrez par contre lui administrer sur-le-champ des soins de réanimation cardiorespiratoire, qui stimuleront son cœur, dans l'espoir qu'il se remettra à battre.

Une électrocution peut entraîner une perte du sens de l'orientation, le coma, une crise cardiaque ainsi que des blessures à la moelle épinière. Elle peut aussi rompre les tympans. Si vous vous trouvez auprès d'une personne qui a été frappée par la foudre, vous ne pourrez rien faire d'autre en attendant les secours que de la maintenir immobile et d'essayer de la rassurer.

Attention aux arbres

Assurez-vous toujours qu'il n'y a pas un grand arbre penché (à plus forte raison s'il est mort ou endommagé) autour de votre site de campement ; il pourrait bien vous écraser pendant une tempête... Les bûcherons d'antan donnaient à ces arbres le nom de « *widow makers* », c'est-à-dire des *endeuilleurs*. Vous devinez pourquoi ?

Certaines espèces d'arbres sont plus fragiles que d'autres. Méfiez-vous des érables mous (les érables argentés ou les sureaux), qui peuvent se fendre violemment, de même que des bosquets de jeunes arbres qui ne sont pas protégés du vent par de plus grands arbres. Faites attention aussi aux vieux arbres dont les racines courent trop près de la surface du sol.

La baignade

Évidemment, le camping et la baignade vont de pair. Mais de grâce, portez des chaussures, quelles qu'elles soient, lorsque vous mettez les pieds dans l'eau. Les pieds les plus endurcis ne font pas le poids à côté des boîtes de conserve rouillées et des éclats de bouteilles cassées.

Se perdre en forêt

La plupart des campeurs débutants admettent secrètement qu'ils ont très peur de se perdre dans les bois. Mais en vérité, si vous emportez un couteau et des allumettes pendant vos sorties de camping, et si vous êtes capable d'allumer un feu avec une seule allumette (voir la page 26), vous n'avez pas grand-chose à craindre. Si toutefois il vous arrivait de vous perdre, restez où vous êtes, allumez un gros feu de camp qui fume beaucoup et attendez que quelqu'un vienne vous chercher. Vous n'aurez pas à patienter davantage que quelques heures ou quelques jours.

Mais il serait malvenu de clore la question de l'orientation sans vous parler des merveilleux nouveaux systèmes GPS (système de positionnement global, ou *Global Positioning System*, en anglais) (voir la figure 8-2) qui envahissent les marchés ces temps-ci. Ces gadgets qui fonctionnent avec des piles reçoivent les signaux de satellites qui sont en orbite autour de la Terre 24 heures sur 24. Un GPS pour usage civil vous indiquera votre position à 100 mètres près partout sur la terre et cela en quelques minutes seulement – si toutefois vous avez appris à vous orienter au moyen d'une carte !

Les systèmes GPS se vendent comme des petits pains auprès des amateurs de plein air, bien que très peu sachent s'en servir efficacement. En effet, il faut apprendre en premier lieu à utiliser un compas et une boussole. De plus, les notations de vos cartes doivent être compatibles avec votre système GPS.

Donc si vous tenez mordicus à apprendre le fonctionnement d'un système GPS, apprenez d'abord à vous servir d'une carte et d'une boussole. Ensuite, lisez l'excellent manuel de Michael Ferguson intitulé *GPS, Land Navigation* (Glassford Publishing, 1997).

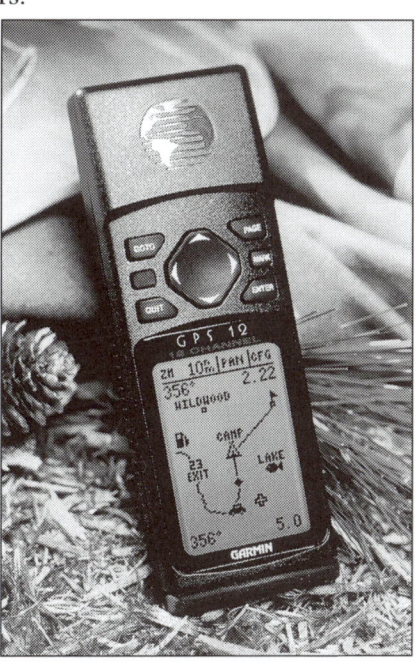

Figure 8-2

Système de positionnement global (GPS)

Index

abri en toile, 17
  installation, 55-56
  transport, 56-57
acrylique (vêtements en), 13

bois
  d'allumage, 23
  fendre (du bois), 23
bottes, 13-14

capuchon, 12
casseroles, 42
céréales, 38
chapeau, 13
chargement, 16-17
  principes, 15-17
  tentes et armature, 16-17
chaussettes, 14
combinaisons, 11
corde élastique, 52
Counter Assault (contre les ours), 60
couteaux, 19-20
  affûtage, 21-22
  Cliff, 21
  suisse, 19
cuisine, 37-47
  dangers, 46
  en hiver, 44-47
  voir aussi nourriture

dangers, 46
DEET, 61
doublure (anti-abrasive), 14, 17

eau (traitement de l'), 64-65
emplacement, 57
  comment le choisir, 57
enfants, 12
  vêtements de camping, 13
entorse (cheville), 73
environnement/écologie, 63-64
époxy, 17
essuie-tout, 42
éthique en forêt, 63-64

Fast Bucksaw, 25
feu(x), 26-30
  économie de bois, 30
  éteindre, 30
  faire un feu, 28
  conseils, 29
foudre, 76-78
four, 43-44

Giardia, 65
goretex, 12
Grohmann (couteaux), 21

hachettes, 22-23
Herrero, Stephen, 58, 60
hypothermie (symptômes et traitement), 74-76

insectes, 61-63

lait, 38
lampe de poche, 46

maïs soufflé, 42
matelas
  autogonflant, 6
  caoutchouc mousse, 6
  mousse, 5
  pneumatique, 5
moustiquaire « à la Susie », 62-63

Nalgene (bouteille), 41
natation, 78
nœuds, 66-72
nourriture, 37-41
  transport, 40-41
  préparation, 42
  les restes, 46

œil (blessures), 74
ours, 57-61

papier hygiénique, 64
perdre (se perdre en forêt), 79
pierre à affûter
  Arkansas, 21, 23
  diamant, 21, 23
piment de Cayenne, 60
pluie
  abris, 17
  poncho, 13
  vêtements, 12

réchaud, 17, 31-36
  à faire et à ne pas faire, 34-36
  caractéristiques, 33-34
  types, 31-33
  réchaud Super Sierra, 33
rubans (allumage), 29

sac à dos Duluth, 14
sac de couchage, 2
  chargement, 3
  choix, 2
  lavage, 5
sandwich (transport de l'équipement), 16
sapin baumier, 29
Sawvivor, 25
scies, 23
Shelton, James Gary, 58-59
Sierra (tasse), 17

tempête (fixer la tente en cas de), 52
tapis de sol, 52
tentes, 7-9
  nœuds pour les fixer, 66
  piquets et montants, 9-10
  protection contre le mauvais temps, 48-54
  tapis de sol, 9
  transport et chargement, 16
Thermax^{MD} et Thermostat^{MD} (sous-vêtements), 11
thermos, 46

veste en nylon, 13

Le camping

À propos de l'auteur

Cliff Jacobson est l'un des auteurs les plus réputés en Amérique du Nord pour ce qui a trait aux activités de plein air. Il s'est spécialisé dans les vêtements destinés aux canoéistes, mais il est aussi guide au Science Museum du Minnesota et consultant, en matière de canoë, pour la Eckerd Family Youth Alternatives Inc. Lorsqu'il n'est pas en canoë, Cliff enseigne l'écologie à l'école secondaire, où il s'occupe aussi d'un programme appelé Wilderness Experience, destiné aux étudiants qui éprouvent des difficultés. Il est également un fervent défenseur du camping écologique, qui consiste pour lui à ne laisser aucune trace de son passage.

Cliff est l'auteur de 16 ouvrages consacrés au plein air et à un grand nombre de brochures éducatives, dont *Canoeing Wild Rivers*, que plusieurs considèrent comme des références incontournables en la matière. En 1996, trois de ses livres figuraient d'ailleurs au palmarès des 10 titres consacrés au plein air les plus vendus aux États-Unis. Il a écrit aussi pour le Minnesota Department of Natural Resources et il a participé au développement d'outils pédagogiques destinés à l'apprentissage de l'orientation pour les écoles de l'État du Minnesota. Le programme consacré à l'amélioration de la qualité de l'eau, appelé *Water Water Everywhere* qu'il a réalisé pour le groupe Hach Co., est très répandu dans les écoles. Enfin, son programme éducatif sur l'alimentation en pleine nature jouit d'une grande popularité.